SOCIÉTÉ

POUR LE DÉVELOPPEMENT & LA DÉFENSE DU COMMERCE & DE L'INDUSTRIE

DE MARSEILLE

QUESTION

DE LA

MARINE MARCHANDE

RAPPORT DE LA COMMISSION

DÉLIBÉRATION DE LA CHAMBRE SYNDICALE

MARSEILLE

TYPOGRAPHIE DE JULES BARILE

Rue Sainte, 6

Janvier 1870

PRÉFACE

Le travail que nous soumettons au public est le résumé d'études dont le début remonte à plusieurs mois. S'il emprunte aux circonstances dans lesquelles nous nous trouvons aujourd'hui un caractère d'actualité, résultant de l'agitation qui se produit pour et contre le libre-échange; il n'en est pas moins utile de constater que notre but a été simplement de rechercher dans les causes de souffrance de notre Marine celles qu'il est au pouvoir du Gouvernement d'alléger. Nous avons, autant que nous l'avons pu, indiqué le mal et le remède qu'il nous a paru possible d'appliquer.

Nous l'avons fait en nous plaçant sur le terrain de la liberté commerciale, convaincus que nous sommes que son application complète, mais son application mieux étudiée, est dans l'intérêt général.

Nous reconnaissons que l'assimilation des pavillons, bonne en principe, est devenue une cause de souffrance parce qu'elle a été mise en vigueur trop tôt, avant qu'on eût placé la Marine dans une position telle que la lutte lui fût possible.

Nous reconnaissons qu'il n'y avait pas de raisons pour livrer notre Marine à la concurrence étrangère, sans lui réserver cette même protection qui a été accordée à notre industrie, celle de droits modérés servant de transition entre les prohibitions et la liberté.

Aujourd'hui, nous acceptons l'état de choses qui résulte de l'assimilation; mais nous réclamons énergiquement tout ce qui peut être fait pour sauver notre Marine; l'enquête parlementaire avant tout, enquête immédiate, qui seule peut montrer la gravité du mal et les réformes à apporter.

C.

SOCIÉTÉ

POUR LE DÉVELOPPEMENT ET LA DÉFENSE DU COMMERCE ET DE L'INDUSTRIE

DE MARSEILLE

RAPPORT

PRÉSENTÉ

A LA CHAMBRE SYNDICALE

Sur la question

DE LA

MARINE MARCHANDE

En présentant au Corps Législatif le projet de loi sur la marine marchande, le Gouvernement avait promis d'apporter aux institutions qui la régissent les modifications nécessaires pour lui permettre de lutter avec avantage contre les marines étrangères. Ces promesses sont restées à l'état de lettre morte, et la loi de 1866 est venue à effet au mois de Juin 1869 sans que rien ait été modifié. Cette situation ne peut durer, il faut en sortir à tout prix pour que notre marine ne succombe pas sous un traitement inégal.

En ouvrant nos ports à tous les pavillons, le Gouvernement a voulu favoriser le commerce, mais il n'aurait pas dû oublier que le commerce et la marine sont solidaires, et que pour développer le premier, il ne faut pas détruire la seconde. Or, c'est le résultat

infaillible que nous verrions se produire si de larges modifications n'étaient pas apportées à nos institutions.

Vous vous êtes émus de cette situation et vous avez décidé de faire étudier par une Commission prise parmi vous, les réformes à apporter à notre législation maritime; c'est le Rapport de votre Commission que nous avons l'honneur de vous soumettre. Mais avant de commencer, nous tenons à déclarer qu'aucun de nous n'a demandé à revenir en arrière; tous nous avons accepté la lutte, mais nous la voulons à armes égales; ne demandant pas de priviléges pour nous, nous avons le droit d'exiger que l'étranger ne soit pas favorisé à nos dépens par le maintien de règlementations inutiles et onéreuses.

Dans les causes qui motivent les souffrances de notre marine, les unes échappent à l'action du Gouvernement, les autres dépendent de lui; ce sont celles-ci que nous allons étudier.

A l'origine, deux opinions se sont manifestées dans votre Commission. Les défenseurs de la première ont dit que puisque l'assimilation des pavillons était complète, il suffisait de prendre le code commercial maritime des nations les plus libérales, l'Angleterre et les Etats-Unis, et d'en demander l'application à notre marine. Puisque le Gouvernement avait assimilé pour les résultats, il devait également assimiler pour les moyens de les obtenir; ce n'était pas à nous à lui signaler les modifications; il n'y aurait qu'à présenter une loi abolissant toutes les lois, tous les décrets en vigueur dans ce qu'ils ont de contraire à ceux qui régissent la marine dans les pays précités.

A cela, il a été répondu que les institutions de la France et de l'Angleterre sont différentes; détruire d'un seul coup tout ce qui existe est un mode qui présente de grands inconvénients; il y a des intérêts à ménager, intérêts vitaux et solidaires de la prospérité de la marine et du commerce; il est donc préférable d'étudier la question point par point et de signaler les réformes une à une. C'est l'opinion qui a prévalu.

INSCRIPTION MARITIME

En première ligne se place l'inscription maritime, question délicate et difficile à laquelle se rattachent d'abord les nécessités de la flotte et de la défense nationale, intérêt général dont il est impossible de ne pas tenir compte. A cet intérêt majeur se relie celui du marin qui, en échange des charges que lui impose l'inscription, trouve en elle des compensations résultant de sa protection et de sa caisse de retraite. Chercher les changements à apporter au régime en vigueur, en ménageant ces deux grands intérêts et en les conciliant avec l'intérêt non moins égal des armements maritimes, sans lequel la marine périt au détriment de tous, telle doit être la voie à suivre dans notre étude.

Votre Commission a été unanime à déclarer que le maintien intégral de l'inscription était impossible, mais là a cessé l'accord ; une partie de ses membres a demandé l'abolition complète, l'autre a pensé que de larges modifications du système seraient suffisantes. Avant de vous soumettre les raisons données en faveur de chacune de ces opinions, permettez-nous de vous exposer brièvement la situation actuelle de l'inscription.

L'inscription maritime a été créée par la Convention nationale; la loi du 3 brumaire an IV a modifié le système des classes qui régissait les gens de mer depuis Colbert. Dure et pesant lourdement sur les marins, la loi de brumaire a reçu des modifications successives qui, dans ces dernières années surtout, ont adouci le sort de ceux qui lui sont soumis.

L'inscription maritime comprend : les marins (et dans ce nombre, les mécaniciens et chauffeurs) naviguant sur les bâtiments de commerce et de l'État ; les pêcheurs des côtes et ceux des rivières jusqu'au point où se fait sentir la marée, et à défaut de marée, jusqu'à l'endroit où remontent les bâtiments de mer ; enfin, ceux qui sont à bord des embarcations de toute espèce naviguant dans les limites ci-dessus énoncées.

Il n'y a d'exceptés que les hommes du contingent versés dans la marine, les engagés volontaires non inscrits, les propriétaires et matelots des yachts ou embarcations de plaisance, ainsi que ceux des bateaux servant à une exploitation rurale ou industrielle située dans les îles ou sur les bords des rivières à marée ou susceptibles de porter des bâtiments de mer.

Lorsqu'un individu veut s'adonner à la navigation, s'il est mineur et s'il a le consentement de ses parents ou tuteurs, il est inscrit provisoirement sous la dénomination de mousse, de l'âge de 10 à 16 ans ; sous celle de novice, au dessus de 16 ans.

A 18 ans, s'il a rempli certaines conditions de navigation et s'il persiste à faire son métier de la mer, il est définitivement inscrit et il figure sur les registres jusqu'à l'âge de 50 ans.

Mais la loi n'a pas voulu lier indissolublement l'inscrit ; elle l'autorise à se faire rayer s'il vient à renoncer à la navigation et à la pêche ; et la radiation a lieu un an après le jour de la demande. Cependant celle-ci n'est pas admise en temps de guerre, ou bien si la guerre est déclarée avant l'année révolue depuis le jour où elle a été faite.

Si au moment de la radiation, le marin est au service de l'Etat, il est renvoyé dans ses foyers, sauf le cas où il appartient à une classe du contingent non libérée ; il rentre alors dans la situation des jeunes soldats de sa classe affectés à l'armée de mer.

En compensation des charges qu'il supporte, l'inscrit jouit de faveurs dont quelques-unes sont illusoires ou de peu d'importance, telles que la dispense de tout service public autre que celui de l'armée navale ou de la garde nationale ; celle de la mobilisation de la garde nationale lorsqu'elle sort de son quartier d'inscription ; la dispense de service dans cette même garde lorsqu'il navigue ou est employé à la pêche. D'autres faveurs au contraire, vraiment sérieuses, lui donnent le privilége de former, pour les trois quarts, l'équipage des navires de commerce nationaux ; il a le droit de suivre gratuitement les cours d'hydrographie professés dans les ports; il peut, dans certains cas, conférer à ses frères non marins l'exemption du service militaire ; il concourt au partage des prises faites par les navires de l'Etat lorsqu'il fait partie de l'équipage capteur (1).

En outre, les enfants de l'inscrit reçoivent un léger secours mensuel lorsqu'ils ne sont pas âgés de dix ans, et ils peuvent être admis dans l'établissement des pupilles de la marine à la mort de leur père.

Lorsque l'inscrit a servi pendant 25 ans sur les navires de l'Etat, il a droit à une pension de retraite. S'il compte ce même temps de navigation, et cela à partir de l'âge de 10 ans, soit sur les bâtiments de l'Etat, soit sur ceux de commerce, soit à la pêche, il a droit à une pension dite demi-solde dès qu'il atteint l'âge de 50 ans. Il faut observer néanmoins que cette pension n'est, en partie, que le juste retour d'une retenue de 3 0/0 qui a été faite sur sa solde pendant le temps de navigation, soit à l'Etat, soit au commerce (2).

Enfin, les veuves et les enfants des inscrits ont droit à une pension ou reçoivent des secours de la Caisse des Invalides de la Marine, lorsqu'ils se trouvent dans une situation prévue par la loi.

En regard des avantages accordés au marin, il faut mettre les devoirs auxquels il est soumis :

Lorsqu'il a 24 ans, s'il est en France, il doit se présenter à l'Autorité administrative ; s'il navigue à l'étranger, la présentation se fait dans le mois de son arrivée.

(1) Cette faveur, inscrite dans la loi du 3 brumaire, n'a pas été accordée au marin lors de la guerre contre l'Autriche en 1859 ; les navires capturés dans l'Adriatique ont été rendus à la paix à leurs propriétaires.

(2) Voir la note A à la fin du Rapport.

Si le service l'exige, il est levé ; sinon, on lui donne un congé renouvelable sans solde avec faculté de naviguer, et si à ce moment il consent à ne naviguer qu'au cabotage, au bornage ou à la petite pêche, le temps passé dans cette situation lui compte comme passé au service de l'État.

Après six ans de service à l'État, pendant lesquels il peut obtenir des congés renouvelables ou six ans écoulés dans la situation qui vient d'être énoncée, l'inscrit recouvre une liberté relative ; dès ce moment, il ne peut plus être levé qu'en cas d'armement extraordinaire et par un décret de l'Empereur. Il peut alors naviguer sur des bâtiments de commerce étrangers ou se fixer en pays étranger.

La rigueur de la levée est tempérée par des sursis accordés aux inscrits qui se trouvent dans des positions particulières, telles que : l'aîné d'orphelins de père et de mère ; celui qui a un frère au service par suite d'appel ; le fils unique ou l'aîné des fils ; à défaut de fils ou de gendre, le petit-fils unique ou l'aîné des petits-fils de veuve ou d'un père aveugle ou entré dans sa soixante-dixième année.

Le marin qui a obtenu un sursis de levée est réputé avoir satisfait à l'appel si la cause qui a motivé le sursis subsiste pendant tout le temps pour lequel il aurait été appelé. Si la cause vient à cesser, et cela deux ans avant l'époque du licenciement de la classe à laquelle il appartient, il peut être levé pour un temps égal à celui qui reste à faire à ladite classe.

L'inscrit jouit, en outre, de la faculté de se faire remplacer ; il faut que le remplaçant soit inscrit et ait satisfait aux six années de service, ou bien qu'il soit libre de tout service public et ait déjà servi quatre ans sur la flotte ; il doit, en outre, avoir l'agrément de l'Autorité maritime et remplir certaines conditions d'âge et de taille.

L'inscrit, lorsqu'il n'est pas au service de l'État, peut se marier librement ; dans le cas contraire, il ne peut le faire sans autorisation.

Telles sont les principales dispositions auxquelles est soumis le marin.

Ceci exposé, les adversaires de l'inscription maritime ont dit :

Le système est mauvais, il doit être détruit et cela pour trois raisons : il n'est pas indispensable à la marine militaire ; il est nuisible aux intérêts des marins ; il l'est également à ceux de la marine du commerce. Examinons :

L'inscription n'est pas indispensable à la marine militaire. — Avec la navigation à voiles, l'inscription pouvait avoir sa nécessité pour le recrutement de la flotte ; il fallait alors pour armer les vaisseaux des matelots et rien que des matelots ; mais l'introduction de la vapeur d'abord, ensuite la substitution des navires cuirassés aux navires en bois ont bien modifié cet état de choses. La mâture ne joue plus aucun rôle sur les vaisseaux de guerre ; il n'est donc plus besoin de matelots ; ceux-ci sont remplacés par des mécaniciens, des chauffeurs, des canonniers, tous hommes n'ayant pas besoin d'un apprentissage aussi long que celui nécessaire pour former des matelots. Aussi pourrait-on, en soumettant les hommes de mer au régime commun, faire faire leur service sur les navires de l'État à ceux qui seraient désignés par le tirage au sort ; si le recrutement par cette voie ne suffisait pas, on le compléterait par des engagements volontaires avec une haute-paie ou par des conscrits pris dans les cantons littoraux. Et du reste, si ces moyens ne sont pas suffisants, si l'État ne peut se passer de l'inscription, qu'il la conserve pour le recrutement de la flotte, mais qu'il en affranchisse la marine de commerce.

L'inscription est nuisible aux intérêts des marins. — Ces hommes, en effet, sont en dehors du droit commun ; de l'âge de 21 ans à celui de 50, ils sont sous la main de l'Administration, ils ne s'appartiennent pas ; constamment sous le coup d'une levée, ils ne peuvent former aucun établissement sans la crainte de le voir

1*

détruit par un appel qui les force à l'abandonner. Cet état de choses constitue un vrai servage ; il est inique, contraire à la morale, il doit cesser d'exister. Le marin ne doit plus être un ilote, il doit ses services à l'Etat comme les autres citoyens, rien de plus. Qu'on le fasse donc rentrer dans le droit commun.

L'inscription est nuisible aux intérêts de la marine du commerce. — En soumettant les marins aux dures conditions que nous avons énumérées, l'inscription leur donne, en compensation, le privilége de monter les navires de commerce nationaux. La loi autorise bien l'embarquement d'un quart de matelots étrangers, mais cette faculté ne comprend que les simples matelots et ne s'étend pas aux officiers. Ainsi, sur un navire dont l'équipage entier est de 15 hommes, il faut déduire le capitaine, le second, le lieutenant ; il reste 12 matelots, dont il ne pourra y avoir que le quart d'étrangers, soit trois. Aussi, à certaines époques (et nous l'avons vu pendant la guerre de Crimée), y a-t-il impossibilité de former les équipages, à moins de payer à des prix fort élevés les rares matelots français qui restent dans nos ports ; et encore ceux-ci ne composent-ils que la classe la moins propre à la grande navigation, tous les hommes jeunes et valides ayant été pris pour le service de l'Etat.

Malgré les priviléges dont ils jouissent, les marins ont des charges si lourdes qu'ils abandonnent peu à peu la mer; la population maritime diminue et elle est condamnée à disparaître dans un temps prochain ; ce sera la ruine de la marine marchande, et par suite celle de la marine militaire.

Mais ce n'est pas le seul grief de la marine du commerce contre l'inscription maritime ; ce dont elle se plaint encore, c'est de l'immixtion continuelle de l'Administration dans tous ses actes, immixtion forcée puisque celle-ci s'est faite, en quelque sorte, la tutrice du marin. Elle le considère comme un mineur dont il faut surveiller et défendre les intérêts contre l'armateur ; de là une foule de formalités, vexatoires et inutiles souvent, longues toujours, qui viennent enrayer la rapidité des opérations indispensable aujourd'hui. Tout l'assemblage des lois, des décrets, des règlements est un arsenal d'armes toujours prêtes à frapper le malheureux armateur qui se résigne souvent à ne pas se défendre, plutôt que d'entamer la lutte avec une Administration puissante qui le traînera de juridiction en juridiction, à grand dommage de temps, d'argent et de soucis.

Telles sont, Messieurs, les raisons qui ont été développées avec conviction; elles ont été combattues avec une conviction non moins forte par ceux des membres de la Commission qui pensent que de larges modifications sont seulement nécessaires.

Il n'est pas exact, ont dit ceux-ci, que la transformation de la flotte à voiles ou à vapeur en flotte cuirassée rende inutile le matelot. Il en serait ainsi dans une certaine limite, si la flotte était toute entière formée de navires cuirassés, mais ce n'est que l'exception; les stations lointaines sont composées presque en entier de navires à hélice pour lesquels la mâture joue encore un grand rôle, et dont la manœuvre exige des matelots aussi instruits que ceux qui étaient embarqués sur les vaisseaux à voiles. Il en est de même pour l'armement de la flotte de transport.

En outre, le recrutement par le tirage au sort serait insuffisant. L'armement de la flotte comprend, en temps de paix (en chiffres ronds), 37,000 hommes, sur lesquels 24,000 inscrits, 10,000 hommes du contingent, 3,000 engagés volontaires. Les 24,000 inscrits, — le service sur les navires de l'Etat n'étant en réalité aujourd'hui que de trois ans et demi à quatre ans, — représentent donc quatre classes de 6,000 hommes chacune. Or, dans le tirage au sort des conscrits, le tiers environ est désigné pour le service (1) et cela pendant 5 ans; par conséquent, chaque classe de

(1) Pour 1868, la proportion entre le nombre des inscrits et le chiffre du contingent a été de 34,1106 pour 100.

6,000 hommes en donnerait 2,000, et pour les 5 ans, ce serait donc 10,000 hommes que fournirait l'inscription, soit 40 p. 0/0 seulement des marins de la flotte.

En temps de guerre, l'insuffisance du régime commun serait encore plus manifeste. La flotte a alors besoin de 70,000 hommes sur lesquels les marins ne pourraient fournir que 9 contingents (5 en activité, 4 de la réserve) à 2,000 hommes, soit 18,000 hommes ; il faudrait donc demander aux cantons littoraux et aux engagements volontaires près des trois quarts des équipages de la flotte. Cela n'est pas possible.

Il est tout aussi impossible de conserver l'inscription pour la marine militaire et de l'abandonner pour la marine du commerce. Le résumé qui a été fait ci-dessus des principales règles de cette institution, démontre combien l'existence du marin est partagée entre les deux marines ; aussi croyons-nous inutile d'insister là-dessus.

Mais c'est surtout dans l'intérêt du marin que l'assimilation à l'armée de terre pour le recrutement doit être énergiquement repoussée. Dans celle-ci, vous le savez, le tiers environ des jeunes gens qui atteignent 21 ans est désigné par le sort pour le service : le jeune soldat reste pendant cinq ans dans l'armée active, à l'expiration desquels il passe dans la réserve où il sert pendant quatre années ; il ne peut plus être alors rappelé à l'activité qu'en temps de guerre, par décret de l'Empereur.

En appliquant ce système à l'armée de mer, on immobiliserait pendant 9 ans le tiers des matelots âgés de 21 à 30 ans, ou, ce qui revient au même, la totalité de ces jeunes gens pendant trois ans. Car il ne serait certainement pas permis à ceux qui seraient dans la réserve d'aller naviguer au long cours ou au grand cabotage ; ils seraient obligés d'être — ainsi que le sont les soldats de la réserve de l'armée de terre — toujours sous la main de l'Administration. On gagnerait donc ainsi seulement six mois ou un an sur la durée du service actif du régime actuel.

Mais à cette diminution bien légère du service correspondrait nécessairement pour le marin la privation de son privilége le plus cher. Et c'est sur ce point que nous appelons toute votre attention, car il est la pierre angulaire de tout le système de l'inscription maritime. Ainsi que vous le savez, aujourd'hui lorsque le marin atteint l'âge de 50 ans, il a une pension, dite demi-solde, qui est en moyenne de 222 fr. et qui est portée à 294 fr. lorsqu'il a 60 ans. Cette pension est le dédommagement de la retenue de 3 0/0 qui a été faite sur ses salaires pendant le temps qu'il a navigué ; mais elle est surtout la compensation de l'obligation que l'Etat lui a imposée de rester à sa disposition pendant un certain nombre d'années. Rentrant dans le droit commun par l'abolition de l'inscription, le marin perd tous droits à cette demi-solde qui est le pain de ses vieux jours, qui l'aide à vivre alors qu'il ne trouverait plus dans les travaux du littoral des ressources suffisantes. Qu'on aille dans les petits ports des quartiers, là où l'on trouve ces familles, vrais laboureurs de la mer, qui sont la pépinière de nos matelots ; qu'on les interroge sur l'inscription, ils répondront qu'elle est dure pour eux. Mais si on leur met en parallèle : d'un côté, l'abolition de l'inscription avec sa conséquence forcée, l'abolition de la demi-solde ; de l'autre le maintien de cette inscription, avec le maintien de la demi-solde, nul doute qu'ils ne se prononcent énergiquement en faveur du dernier parti.

A ce sujet, nous émettons le vœu que la demi-solde soit augmentée et portée à 300 et à 400 francs ; l'augmentation des charges imposées par cette mesure à la Caisse des Invalides pourrait être compensée par l'élévation à cinq pour cent de la retenue de trois pour cent faite sur l'achat du matériel de la marine militaire.

Si donc l'abolition de l'inscription est nuisible au marin, elle produirait un résultat opposé à celui vers lequel tendent ses promoteurs ; elle ne servirait qu'à éloigner les marins de la mer et à rendre par suite l'armement des navires de plus en plus difficile.

Mais ainsi que nous vous l'avons déjà dit, votre Commission

a pensé que le système actuel ne pouvait être conservé, cependant la majorité de ses membres a cru que de larges modifications seraient suffisantes. Elle les formule en ces termes :

La durée du service militaire de l'inscrit est fixée à quatre ans, après lesquels il ne pourra plus être rappelé sur la flotte qu'en temps de guerre et par une loi. Il ne pourra plus être appelé au service de l'Etat lorsqu'il aura atteint l'âge de 30 ans.

Examinons les raisons données en faveur de cette proposition au triple point de vue de la marine militaire, du matelot et de la marine du commerce.

Au point de vue de la marine militaire. — En temps de paix, quatre ans de servic.; sont suffisants, puisque aujourd'hui le matelot qui, d'après la loi, doit six ans à l'Etat, est renvoyé en congé renouvelable après trois ans et demi ou quatre ans.

En temps de guerre. — ou plutôt, pour nous servir des termes de la loi, — en temps extraordinaire, l'Empereur peut lever, par un décret, tous les inscrits jusqu'à l'âge de 50 ans. Mais dans la pratique, et l'expérience des dernières guerres le prouve, on lève bien peu de matelots au-delà de 40 ans. Après cet âge, les hommes sont trop fatigués pour faire un service actif sur la flotte ; ayant quitté la marine militaire depuis plusieurs années, ils se trouvent dépaysés lorsqu'on les met à bord de vaisseaux où tout, armement, matériel, installations, est nouveau pour eux.

Ainsi donc, la proposition faite ne s'écarte de ce qui est usité en réalité que par la radiation des inscrits de 30 à 40 ans. Il restera pour armer la flotte, outre les quatre classes en service, à 6,000 hommes chacune, cinq classes de matelots jeunes et valides, qui, quoique réduits à 3,000 environ, par suite de l'absence des hommes naviguant au long-cours, donneront un total de 39,000 bons marins. Ajoutant (ainsi que cela a lieu aujourd'hui) les neuf classes de la conscription à 2,000 hommes, et les engagés volontaires, dont le chiffre de 3,000 doit pouvoir être triplé en temps de guerre, on atteint le nombre de 66,000 qui est bien près de celui de 70,000 nécessaire pour l'armement de la flotte. Mais ce léger déficit ne sera-t-il pas facilement comblé par une augmentation des inscrits ? Si la loi est plus douce, elle aura pour effet d'attirer vers la mer tous ceux qui s'en écartent aujourd'hui éloignés par sa sévérité ; et l'appel, portant sur un personnel de jour en jour plus nombreux, deviendra plus léger pour ceux qui y seront soumis.

Au point de vue du matelot. — L'avantage du matelot est évident et ressort du simple énoncé de la proposition ; il ne servira que pendant quatre ans et il sera rayé des cadres à trente. Il conservera, en outre, tous les droits à la demi-solde, qu'il continuera à toucher à l'âge de 50 ans ; puisqu'il restera encore à la disposition de l'État, pendant un certain laps de temps après son service rempli, et que la retenue de 3 0/0 sera faite sur ses salaires. Inutile d'ajouter qu'il devra avoir accompli 25 ans de navigation pour avoir droit à sa demi-solde.

La diminution de service n'est pas la seule réforme qui soit demandée en faveur du matelot. Actuellement, celui-ci peut être levé en temps extraordinaire par un décret de l'Empereur. A ces termes trop vagues et qui laissent une porte ouverte à l'inconnu, nous demandons qu'il en soit substitué d'autres plus précis ; et qui pourrait mieux le faire que les représentants du pays ? La loi a voulu, sans nul doute, parler d'un temps de guerre ; le Corps Législatif doit être juge si le pays est dans cette situation, car il ne doit pas suffire de quelque expédition lointaine pour qu'il en soit ainsi.

La levée peut, en outre, avoir lieu aujourd'hui par un simple décret ; nous demandons qu'elle ne puisse se faire que par une loi, ou du moins que le décret de levée soit approuvé par une loi dans le délai de vingt jours, ainsi que cela a lieu pour la mobilisation de la garde nationale mobile de l'armée de terre.

Observons, à ce sujet, qu'un simple décret peut appeler les réserves de l'armée de terre ; mais il ne faudrait pas assimiler à celles-ci celles de l'armée de mer. Les premières ne comprennent que le tiers des jeunes gens de 26 à 30 ans, tandis que les secondes renferment la totalité des hommes de 25 à 30; ce sont toutes les forces vives de la marine qui sont enlevées en même temps ; il nous paraît donc juste que leur appel soit soumis aux mêmes règles que celles nécessaires pour la mobilisation de la garde nationale mobile.

Au point de vue de la marine marchande. — Par l'augmentation du nombre des matelots, conséquence inévitable de l'adoucissement de la loi, la marine marchande pourra armer plus facilement ses navires ; elle trouvera donc économie de temps et d'argent. Elle acquierra, en outre, le droit—et c'est une question qui sera examinée tout à l'heure — d'introduire en plus grande proportion l'élément étranger dans ses équipages. En un mot, elle aura pour son service plus de matelots français et plus d'étrangers ; par suite, facilité et augmentation des armements.

Mais par le maintien modifié de l'inscription, les reproches faits à l'Administration n'en restent pas moins debout. Nous le reconnaissons, ils sont en partie fondés ; ce n'est cependant pas l'inscription qu'il faut en accuser, mais bien le système général et l'esprit de l'Administration française qui veut tout voir, tout prévoir, tout surveiller. En pareille matière, les hommes ne doivent pas être mis en jeu; ils n'obéissent, le plus souvent, qu'à des instructions venues de plus haut, c'est donc là que la réforme doit être faite. Le Commerce a besoin de libres allures, il est avare de son temps ; il faut donc que ceux avec lesquels il a des rapports obligés soient animés du même esprit.

Le Commerce peut beaucoup pour faire cesser l'état de choses dont il se plaint et qui s'est peut-être aggravé par son indifférence. Pourquoi, lorsqu'il croit avoir la loi pour lui, abdiquerait-il et ne défendrait-il pas ses droits? Pourquoi les armateurs, dont la plupart sont indépendants par leur position, hésiteraient-ils à se défendre? Qu'ils se mettent résolûment à l'œuvre et les abus qui sont enracinés dans les mœurs administratives seront nécessairement extirpés.

COMPOSITION DES ÉQUIPAGES. — INTRODUCTION DE L'ÉLÉMENT ÉTRANGER.

Votre Commission toute entière a reconnu l'insuffisance de la faculté accordée à l'armateur d'embarquer un quart de matelots étrangers (de matelots seulement, ainsi que nous l'avons expliqué précédemment); mais elle a différé sur la proportion de l'élément étranger à introduire dans les équipages. Plusieurs de ses membres ont demandé que ceux-ci puissent être formés entièrement d'étrangers; les autres ont pensé que la division par moitié des nationaux et des étrangers serait suffisante, en spécifiant que le capitaine et le mousse seraient toujours français.

A l'appui de leur opinion, les partisans du premier système ont fait valoir les raisons suivantes : En temps de paix, il est quelquefois difficile de trouver des matelots; mais en temps de guerre (et l'expérience le prouve), l'armement des navires de commerce est presque impossible; les matelots qui ne sont pas au service de l'Etat sont les moins valides et ont, malgré cela, des prétentions fort grandes. En outre, le matelot français est moins fort physiquement que l'étranger; il en faut donc un plus grand nombre pour faire le même travail; si un navire acheté à l'étranger navigue avec un équipage de 12 hommes, il faut le porter à 14 ou 15 dès qu'il est sous pavillon national. Le matelot français qui est, de plus, très-exigeant pour la nourriture, travaille moins que l'étranger; il est raisonneur, peu respectueux, désobéissant; il se sent protégé contre le capitaine par l'Administration de la marine et il en abuse. Tout cela se traduit par une perte d'argent pour l'armateur; il faut donc laisser à celui-ci liberté entière de

2

former les équipages à sa guise et suivant ses intérêts. Il est bon
de rappeler qu'en Angleterre la loi est muette à ce sujet, c'est un
exemple à suivre.

A ces raisons il a été objecté par les défenseurs du partage des
deux éléments national et étranger : Que, puisque la Commission a
décidé le maintien — avec de larges modifications — de l'inscription maritime, il serait illogique de vouloir armer entièrement
nos navires avec des étrangers. L'inscription est un contrat synal-
lagmatique passé entre l'Etat et le matelot, contrat qui a imposé à
celui-ci des charges en compensation desquelles il lui a donné le
privilége de former les équipages des navires nationaux. Enlever
le privilége, lorsque les charges restent, serait injuste, mais on peut
équitablement demander au marin l'abandon d'une partie de son
privilége puisque par la réforme de l'inscription, ses charges se
trouvent allégées. Cette question d'équité satisfaite, il ne faut pas
s'exagérer outre mesure les bénéfices que retirerait notre marine
d'une liberté entière pour la composition de ses équipages. Si le
matelot étranger est plus fort que le français, — et cela est vrai,
seulement pour les marins des pays du Nord, auxquels il faut en
compensation une nourriture plus substantielle, —il exige une solde
qui n'est pas inférieure à celle de ce dernier ; il n'est pas démontré
que son zèle et son travail soient plus grands ; quant à être plus
discipliné, il n'en est rien.

Quelle action le capitaine peut-il avoir sur un homme que ne
retient pas la crainte d'une répression à l'arrivée en France, car il
désertera au premier port de relâche ? Ne voyons-nous pas déjà
que l'embarquement des étrangers sur des navires allant à certaines
destinations n'est autre chose qu'un passage, en partie gratuit,
car ils s'empressent de déserter dès l'arrivée et souvent avant
d'avoir gagné leurs avances. Le marin français, au contraire, sait
bien que s'il déserte il sera signalé à l'Administration de son quartier, et que le jour où il rentrerait en France, il serait poursuivi.
Cette considération, jointe à celle de la famille qu'il a laissée chez

lui et qu'il ne pourra plus revoir, le retiennent dans le devoir. Aussi en temps de paix, un armateur donnera-t-il la préférence aux marins français, et ce n'est que dans des circonstances extraordinaires, lorsqu'il y aura impossibilité de faire autrement, qu'il se décidera à embarquer des étrangers; la faculté qui lui sera donnée d'en former son équipage jusqu'à concurrence de moitié est bien suffisante et sera, sans doute, bien rarement atteinte. C'est l'opinion qui été adoptée par la majorité de la Commission.

Il est deux cas cependant où elle a été unanime pour déroger à ce principe; elle croit utile que l'armateur puisse armer entièrement avec des étrangers un navire acheté à l'étranger et un navire français désarmé à l'étranger et reprenant armement.

Lorsqu'un navire est acheté à l'étranger, pour le mettre sous pavillon français. il faut faire venir de France un équipage; c'est là une lourde charge pour l'armateur. De même, si un navire français à son arrivée dans un port étranger ne trouve pas les circonstances favorables pour reprendre la mer, et s'il juge à propos de désarmer dans l'attente de temps meilleurs, ou bien s'il prévoit que le déchargement, les réparations qu'il aura à faire, et le chargement nécessitent une longue durée de temps, il serait avantageux de pouvoir renvoyer, aux frais de l'armateur, son équipage en France, et de prendre un équipage étranger lorsque le navire sera au moment de son départ.

Avant de clore la question de l'introduction des matelots étrangers sur nos navires, la Commission doit appeler toute votre attention sur le décret du 28 janvier 1857 qui lui a paru une violation de la loi de 1793. D'après celle-ci, les officiers et les trois quarts de l'équipage doivent être français. Or, le décret de 1857, relatif aux mécaniciens de la marine, porte à l'art 14 que : les mécaniciens et les trois quarts du personnel de la machine seront français.

. Ainsi, le décret scinde l'équipage d'un navire à vapeur en deux parties, les matelots d'un côté, le personnel de la machine d'un autre ; chacune d'elles ne devant renfermer que les trois quarts des nationaux. Pourquoi cette distinction ? La loi de 1793 comprend l'équipage entier ; sans doute, lorsqu'elle a été rendue on ne pouvait prévoir l'introduction de la vapeur sur les navires ; mais si depuis lors on a reconnu la nécessité de nouvelles dispositions, c'est par une loi qu'il fallait les édicter et non par un décret qui ne peut modifier la loi. Un exemple fera mieux ressortir ce que nous avançons : sur un navire à vapeur de trente hommes d'équipage, comprenant : un capitaine, un second, un lieutenant, un premier et deuxième mécaniciens, douze hommes à la machine, et treize matelots, soit cinq officiers et vingt-cinq marins ; d'après la loi de 1793, le nombre des étrangers peut être porté au quart du personnel non officier, c'est-à-dire à six, et l'armateur a le droit de placer ces six étrangers, soit dans la machine, soit dans le personnel matelot, soit de les répartir dans l'un et dans l'autre. Mais le décret restreignant ce droit, fixe à trois le nombre des étrangers dans la machine et à trois celui des matelots ; cette interprétation ne peut et ne doit être admise. Nous ne saurions trop le répéter, un décret ne peut modifier une loi.

RAPATRIEMENT DES MATELOTS.

Le rapatriement des matelots est une des plus lourdes charges qui pèsent sur l'armateur. En l'état, lorsqu'un matelot tombe malade en pays étranger, il est débarqué, mis dans un hôpital où il est soigné aux frais de l'armement. Si au départ du navire, le matelot n'est pas en état de revenir à bord, il reste à l'hôpital jusqu'à sa guérison complète. Après quoi, il est rapatrié aux frais de l'armement, et il est payé de ses salaires jusqu'au retour du navire en France.

Un exemple fera ressortir, mieux que tous les raisonnements, combien la loi a besoin d'être modifiée : un navire part de Marseille pour une campagne de deux ans dans l'Inde ; quelques jours après avoir quitté le port, un matelot tombe malade et est débarqué à Gibraltar ; au départ du navire, ne pouvant être ramené à bord, il reste à l'hôpital pendant trois mois, après lesquels il est rapatrié, et ses salaires lui seront comptés pendant deux ans. En comptant sa solde à 50 fr., les frais d'hôpital à 120 fr. par mois et le rapatriement à 40 fr. seulement, c'est donc 2,600 fr. que l'armateur aura à lui payer pour trois ou quatre jours de service utile qu'il en aura reçu. Après quoi, le matelot restera à terre sans rien faire et touchera ses salaires jusqu'au jour où son navire sera de retour en France. Et si au lieu d'un matelot, c'est un officier ou un capitaine qui sont débarqués, ce n'est plus par centaines, mais par milliers de francs qu'il faut compter les sommes à payer.

Nous n'ignorons pas que l'attention du Ministre de la Marine a été appelée à diverses reprises sur l'obligation de réformer la loi ; il est à désirer que les modifications impérieusement réclamées soient faites dans un avenir très prochain ; le mal est grand, il n'est que temps d'aviser.

La réforme à faire doit, à la protection des intérêts de l'armateur, joindre la sauvegarde des droits de l'humanité. Aussi a-t-il paru juste à la Commission que tous les frais de maladie, quelques considérables qu'ils fussent, soient payés par l'armement ainsi que le rapatriement, mais celui-ci, ainsi que le prescrit le décret du 7 avril 1860, devra être toujours fait par la voie la plus économique, et quand faire se pourra, le matelot sera embarqué à salaire sur un navire revenant en France, afin que l'armement n'ait plus alors à supporter aucun frais.

Quant aux loyers du matelot, votre Commission a pensé qu'ils doivent cesser le jour où il quitte le navire, mais que cependant une gratification de trois mois de gage devra lui être donnée à son arrivée en France. Cette gratification serait moindre si le navire était de retour en France avant qu'un délai de trois mois se fût écoulé depuis le débarquement du marin ; il n'aurait droit dans ce cas, qu'à une somme égale à celle qu'il aurait eue s'il était resté à bord. Dans tous les cas, les avances qu'il aurait reçues lui seraient acquises.

NOURRITURE DES ÉQUIPAGES

La nourriture des équipages est une des questions sur lesquelles les plaintes les plus vives se sont élevées de la part des armateurs ; l'Administration de la marine forcerait ceux-ci à donner aux matelots des rations coûteuses, en liquides principalement, rations qu'il est souvent impossible de se procurer en cours de campagne. Dans ce cas, au retour, ce sont, soit des dommages-intérêts, soit des amendes infligées aux armateurs et aux capitaines. Il est urgent que l'ingérence de l'Administration cesse et que cette situation soit modifiée.

Votre Commission ne croit avoir rien de mieux à faire, pour élucider cette question, qu'à faire connaître la circulaire ministérielle du 20 novembre 1865 :

Le Ministre de la Marine et des Colonies *aux Préfets maritimes, Chefs du service de la marine et Commissaires de l'inscription maritime ; aux Gouverneurs et Commandants des Colonies ; aux Officiers généraux, supérieurs et autres, commandant à la mer ; aux Consuls généraux et Consuls de France.*

Paris, le 20 novembre 1865.

Nourriture des équipages à bord des navires du commerce. — Liberté des conventions à cet égard entre les armateurs et les marins.

Messieurs,

On me signale quelquefois de la part du commerce, comme nuisant à notre navigation maritime, l'application de règlements qui n'existent pas, ou dont on a fait de fausses interprétations.

Il importe d'éclairer l'opinion publique à cet égard, et surtout les intéressés.

Ainsi, on m'a indiqué comme une des causes de la cherté relative de notre navigation maritime la fixation règlementaire de la ration à délivrer aux équipages des navires, et surtout l'obligation de leur fournir du vin.

Or, notre législation ne renferme rien de semblable ; la seule prescription qui se rapporte à la nourriture des marins du commerce est celle de l'article 76 du Code disciplinaire et pénal pour la marine marchande, du 24 mars 1852, lequel est ainsi conçu : « Tout capitaine, maître ou patron, qui, hors le cas de « force majeure, prive l'équipage de l'intégralité de la ration stipulée avant le « départ, ou, à défaut de convention, de la ration équivalente à celle que reçoi-« vent les marins de la flotte, est tenu de payer, à titre de dommages-intérêts , « 50 centimes par jour pendant la durée du retranchement à chaque personne « composant l'équipage, et peut, en outre, être puni de 50 à 500 fr. d'amende. »

La plus entière liberté est donc laissée aux armateurs pour passer avec leurs équipages toutes les conventions possibles relativement à la nourriture. L'Administration de la Marine n'a pas à intervenir, et, j'aime à le croire, n'est jamais intervenue entre les parties à ce sujet. Seulement, à défaut de tout contrat, la loi a pris soin de déterminer qu'une ration équivalente à celle des marins de la flotte serait donnée aux marins du commerce, établissant ainsi une base d'appréciation, pour le cas où des équipages se plaindraient d'avoir été mal nourris, sans être en mesure d'invoquer les termes précis d'un contrat. Cette base était sans doute la plus équitablement choisie, puisqu'elle était prise dans le traitement même que l'Etat donne aux marins placés sur ses bâtiments. L'article 76 ne va pas au-delà ; il mentionne la ration des matelots de la flotte comme un point de comparaison, et non pas comme une exigence absolue, puisqu'il permet seulement aux marins du commerce, dans l'absence de toute stipulation, de réclamer une ration équivalente, ce qui ne veut pas dire semblable. Enfin, et sans doute personne n'y peut faire objection, il punit l'inexécution du contrat qui assure la subsistance de l'équipage.

Par suite, il appartient aux tribunaux maritimes commerciaux, chargés de l'application de cet article, d'apprécier d'une manière souveraine, d'après la base donnée, toutes les questions de vivres que peuvent soulever les réclamations d'un équipage. Bien que quelques objets, tel que le vin, par exemple, fassent partie de la ration à bord des bâtiments de l'Etat, ces tribunaux seraient fondés à tenir compte, soit des usages du pays, soit des nécessités de la navigation, qui justifieraient le remplacement de ces denrées par tout ce qui pourrait être légitimement considéré comme équivalent dans les circonstances où s'est trouvé le navire.

En résumé, il dépend des armateurs de stipuler la nature et la quantité des vivres qu'ils fourniront à leurs équipages ; leur liberté n'a d'autres limites, sous ce rapport, que la liberté également laissée aux marins de poser et de débattre leurs conditions d'engagement. Au surplus, je recommande aux autorités maritimes et consulaires de ne s'immiscer dans ces questions que le moins possible, et jamais sans y être contraintes par une réclamation positive des équipages. Alors même, elles ne devront pas prendre sur elles de trancher les difficultés qui leur seront soumises ; elles se borneront à en saisir les tribunaux maritimes commerciaux, seuls compétents pour les résoudre, et dont la composition offre toutes les garanties possibles aux parties intéressées.

Recevez, etc.

Signé : **P. de CHASSELOUP-LAUBAT.**

Cette circulaire, très-explicite, consacre le principe que la nourriture des équipages doit faire l'objet d'un contrat entre les marins et l'armateur, contrat dans lequel l'Administration n'a à intervenir que comme notaire, pour insérer les conventions sur le rôle d'équipage. Elle rappelle seulement, que dans le cas où aucune convention ne serait faite entre l'armateur et l'équipage, celui-ci devra avoir une ration équivalente à celle des marins de la flotte. Cette clause a été insérée dans la loi du 24 mars 1852, dans un but d'humanité, afin que le matelot fut toujours assuré d'avoir une nourriture suffisante ; mais, nous le répétons, elle n'existe qu'à défaut de convention contraire, que les parties intéressées ont toujours le droit de faire. Si elles ne passent pas d'engagement, c'est qu'elles consentent par cela même à accepter la ration des marins de l'État.

Notons encore que même dans cette dernière hypothèse, les armateurs ne sont pas obligés de donner du vin en ration ; les mots : « *rations équivalentes* » qui sont insérés dans la loi, permettent de remplacer le vin par toute autre boisson fermentée.

Votre Commission n'ignore pas qu'en diverses circonstances et principalement dans les mers lointaines, des chefs de station ont forcé les capitaines à acheter, à des prix fort élevés, du vin pour être donné à leurs équipages alors qu'ils offraient de le remplacer par de l'eau-de-vie. C'est là un abus d'autorité dont les intéressés auraient dû, à leur arrivée en France, demander justice aux tribunaux commerciaux maritimes.

Votre Commission croit donc que la loi est bonne et qu'elle doit être maintenue ; mais elle fait appel à l'énergie de tous ceux qui auraient à souffrir de sa mauvaise application pour ne pas craindre de se faire rendre justice.

RÉVISION DU LIVRE II DU CODE DE COMMERCE.

En 1866, il a été soumis aux Chambres de commerce, un projet de révision du livre II du Code de commerce qui comprend tout ce qui intéresse le commerce maritime.

Après les observations présentées à ce sujet, le projet a été de nouveau renvoyé aux Chambres de commerce en 1867.

Depuis, de nouvelles notes ont été produites, mais le projet de loi n'a pas encore été soumis au Corps Législatif.

Ce projet, rédigé en vue du développement et des facilités accordées à notre marine, a une grande importance ; il introduit dans notre code des principes nouveaux qu'il convient de voir appliquer promptement.

D'abord l'hypothèque maritime, qu'il est très important de rendre aussi facile et accessible à tous que possible, afin que tout propriétaire d'une part quelconque d'un navire puisse emprunter sur sa part dans un navire en construction ou en cours de voyage.

Le corrolaire de cette disposition étant la liberté pour le taux du prêt.

En second lieu, attribution aux Tribunaux de commerce des ventes de navires par licitation, à la Bourse, et par ministère de courtiers maritimes.

Enfin, faculté d'assurer le fret, le profit espéré. Laissant de côté les modifications de détail des divers articles du Code de commerce, voilà les principales réformes à réclamer comme pouvant avoir une influence importante sur le développement de nos affaires maritimes.

EXAMEN DES CAPITAINES.

Pour être reçus capitaine au long cours, les marins doivent subir deux examens; l'un, portant sur des connaissances pratiques, est passé devant un capitaine de vaisseau de la marine militaire ; le second, tout théorique, devant un professeur d'hydrographie.

Le programme de ce dernier examen comprend l'arithmétique, les éléments d'algèbre jusqu'à l'équation du premier degré, la géométrie élémentaire, les deux trigonométries, les notions élémentaires d'astronomie, les problèmes nécessaires pour la navigation et l'usage des instruments. On en a demandé la réduction, se fondant sur l'inutilité de plusieurs des questions qu'il renferme, questions qui ne seraient apprises qu'à grand peine pour l'époque des examens et que le candidat s'empresserait d'oublier dès qu'il a satisfait à ceux-ci; du reste, ces connaissances théoriques la plupart des capitaines étrangers les ignorent, et ils n'en sont pas moins aptes à conduire leurs navires.

Votre Commission n'a pas cru devoir adopter cette proposition; vous le savez, Messieurs, les capitaines français ont une réputation de savoir justement méritée; pourquoi vouloir la diminuer? Il faut, au contraire, la maintenir, car la navigation se perfectionne de plus en plus et exige une précision de jour en jour plus grande. Si certaines des connaissances exigées pour les examens ne paraissent pas présenter une utilité immédiate, elles servent cependant à faciliter la solution des problèmes au moyen desquels on détermine la position du navire.

Il est néanmoins une question de l'examen de pratique dont votre Commission demande la suppression, c'est celle relative au canonnage. Les capitaines du commerce n'ont aucun besoin de connaître la manœuvre théorique du canon ; quant à la pratique, on peut se fier à leur intelligence pour se servir des quelques pièces qu'ils pourraient, dans des circonstances exceptionnelles, avoir à leur bord. Cette épreuve n'a, sans doute, été insérée dans le programme, que dans la pensée que le capitaine pourrait être appelé à servir comme enseigne auxiliaire sur les navires de guerre. Mais aujourd'hui, avec les changements constants qu'éprouve le matériel d'artillerie, les connaissances acquises par un capitaine ne trouveraient pas leur application s'il venait à servir, quelques années après, sur un navire de l'État, et ce serait toute une nouvelle étude à recommencer ; aussi nous prononçons-nous pour la radiation de cette question du canonnage dans l'examen des capitaines.

Vous avez remarqué que dans le programme d'examen, il n'est pas question de ces connaissances commerciales qu'un capitaine est obligé de posséder ; votre Commission a vu là une lacune qu'il fallait remplir. Il est indispensable, en effet, qu'un capitaine ait des connaissances complètes en ce qui concerne les connaissements, les chartes-partie, les assurances, les avaries ; les intérêts de l'armateur y sont fortement engagés. Aussi émettons-nous l'opinion qu'un examen commercial soit nécessaire pour obtenir le brevet de capitaine au long cours ; deux examinateurs seraient, dans ce but, adjoints au capitaine de vaisseau, ils seraient pris dans la Chambre et dans le Tribunal de Commerce dans les ports où existent ces institutions, et seraient remplacés par deux négociants ou armateurs, dans les villes qui n'ont ni Chambre ni Tribunal.

L'adjonction de ces deux membres au capitaine de vaisseau changerait déjà le caractère exclusivement militaire de la commission d'examen, mais votre Commission a cru qu'il fallait aller plus loin dans cette voie. Le marin qui se présente à l'examen, vient souvent de quitter le service de l'Etat, et il se trouve devant un juge qui hier encore était son supérieur immédiat ; il peut être troublé par cette pensée et sentir ses facultés paralysées. Aussi, vous proposons-nous de joindre au capitaine de vaisseau, deux capitaines au long cours; le candidat trouvera, en ceux-ci, non pas des juges plus équitables, mais peut-être plus bienveillants, qui se rappelleront qu'eux aussi ont subi les mêmes épreuves auxquelles sont soumis leurs camarades plus jeunes. Nous croyons inutile d'ajouter que les cinq examinateurs doivent avoir voix délibératives.

On avait fait la motion d'adjoindre deux capitaines au long cours au professeur d'hydrographie pour l'examen de théorie , mais votre Commission n'a pas cru devoir y accéder, car les conditions ne sont plus les mêmes. Le professeur d'hydrographie n'a rien de militaire ; il est simplement nommé par le Ministre de la Marine.

RÉVISION DU CODE MARITIME.

La discipline sur les navires de commerce est indispensable pour bien naviguer; — la composition du tribunal nommé pour juger les délits maritimes doit renfermer tous les éléments intéressés à une juste répression ; — enfin , tout arbitraire doit être exclu de la loi ; tels sont, Messieurs, les trois points de vue auxquels votre Commission a examiné le Code Maritime.

Discipline à bord des navires. — Les capitaines se plaignent de l'insubordination des équipages , insubordination qu'ils ne peuvent combattre, car les moyens d'action leur manquent ; ceux que leur confère la loi étant insuffisants. Autrefois les peines corporelles donnaient au capitaine des moyens de répression énergiques, elles ont été supprimées depuis 1848 ; sans vouloir y revenir, ne serait-il pas à désirer que le capitaine qui , dans un moment d'oubli, frapperait un matelot , ne tombât pas sous le coup de la loi ? Le capitaine est souvent provoqué , poussé à bout; s'il répond à la provocation, il sera puni; s'il y résiste et ne veut se servir que des moyens de répression légaux, il est pour ainsi dire, désarmé, et son autorité en souffre.

Votre Commission n'a pas cru devoir se rendre à ces raisons; l'abolition des peines corporelles est un hommage rendu à la dignité de l'homme, et dans aucun cas, quelqu'exceptionnel qu'il soit, il ne faut en désirer le rétablissement. C'est surtout par la force morale que le capitaine doit en imposer à son équipage ; lorsque un homme se trouve en face de plusieurs , c'est par la justice de ses actes, par son énergie, par son sangfroid qu'il peut s'en faire obéir, et non en appelant à lui des pénalités d'un autre âge qui déshonorent et ceux qui les subissent et ceux qui en font usage. Les tolérer dans certains cas, c'est s'exposer à un danger bien grave ; le matelot frappé peut répondre par des voies de fait, et alors l'autorité du capitaine n'est-elle pas compromise par le spectacle d'une lutte affligeante?

L'article 52 du décret-loi du 24 mars 1852 , énumère les peines applicables aux fautes de discipline que peut infliger le capitaine. Votre Commission propose le maintien de l'article , sauf en ce qui concerne le § 4 , ainsi conçu : La retenue de 1 à 30 jours de solde, si l'équipage est engagé au mois , ou de 2 à 50 francs , s'il est engagé à la part.

Nous demandons que cet article soit modifié ainsi qu'il suit :

La retenue de 1 à 60 jours de solde, si l'équipage est engagé au mois ; ou de 2 à 100 francs , s'il est engagé à la part.

De toutes les peines auxquelles peut être soumis le matelot , la plus sensible est celle de la suppression de ses salaires , et c'est la seule qui porte exclusivement sur lui. Les autres , telles que : La consigne à bord, le retranchement de boisson fermentée, la vigie, l'amarrage à un mât, sont de peu d'importance et ne le touchent guère; les autres comprenant : la prison, les fers aux pieds, le cachot, ne peuvent être infligés qu'au détriment des autres hommes de l'équipage, dont le travail est augmenté par la privation du concours de l'un d'entr'eux.

Composition du Tribunal Commercial Maritime.

Le Tribunal Commercial Maritime est composé de cinq membres:

Le commissaire de l'inscription maritime, président;

Un juge au Tribunal de Commerce, ou à défaut le juge de paix;

Le capitaine, le lieutenant ou le maître de port;

Le plus âgé des capitaines au long-cours valides présents sur les lieux;

Le plus âgé des maîtres d'équipage des marins du commerce ou, à défaut, le plus âgé des marins valides présents sur les lieux, et ayant déjà rempli ces fonctions.

Contre cette composition du Tribunal, diverses objections ont été formulées : On a demandé que le commissaire de l'inscription maritime en fût exclu, ainsi que le capitaine de port; que le maître d'équipage fût remplacé par un capitaine au long-cours, et qu'enfin la validité exigée pour le capitaine et pour le maître fût supprimée.

La demande d'exclusion du commissaire de l'inscription s'est fondée sur l'influence trop grande que peut avoir ce fonctionnaire dans les décisions du Tribunal : c'est lui qui fait ou fait faire l'instruction; il a eu tout le temps d'étudier à fond la question à soumettre au Tribunal, alors que les autres membres n'en ont eu aucune connaissance. En outre, sur les quatre juges, trois au moins, le capitaine de port, le capitaine au long-cours et le maître d'équipage sont sous sa dépendance plus ou moins directe par les rapports continus qu'ils ont avec lui : leur impartialité pourrait donc être influencée par celui qui est, en quelque sorte, leur supérieur.

La majorité de Votre Commission n'a pas trouvé ces raisons convaincantes; ayant accepté le maintien du principe de l'inscription, elle croit utile que l'Administration soit représentée dans un Tribunal devant lequel sont portées les questions maritimes; quant à l'influence que le commissaire de l'inscription pourrait prendre sur les décisions des autres membres, elle n'est pas telle que les partisans de sa suppression peuvent le croire; car le commissaire de l'inscription émet toujours son opinion le dernier.

Mais votre Commission a été unanime sur la suppression du capitaine du port comme membre du Tribunal; malgré toutes ses recherches, il ne lui a pas été possible de déterminer l'intérêt représenté par cet officier.

Elle propose de le remplacer par un armateur, qui représentera une classe d'intérêts constamment portés devant le Tribunal Commercial Maritime.

Si cette modification est adoptée, tous les intérêts seront alors représentés :

L'Administration : par le commissaire de l'inscription.

La justice : par le juge au Tribunal de Commerce.

Le commerce martime : par l'armateur.

Les capitaines au long-cours : par un capitaine au long-cours.

Les matelots : par le maître d'équipage.

Et c'est pour obéir à cette considération, que votre Commission n'a pas cru devoir admettre le remplacement du maître par un capitaine. Il est indispensable que dans un Tribunal qui a à juger fréquemment entre un capitaine et un matelot, celui-ci ait un des siens pour le défendre au besoin (car le maître n'est qu'un matelot remplissant accidentellement des fonctions plus élé-

vées). Et il ne faudrait pas croire que la similitude de grade rende
le maître partial envers le matelot; car l'expérience prouve que le
maître se montre quelquefois le plus sévère envers ceux qui sont
ses égaux.

La loi exige que le plus âgé des capitaines et maîtres présents,
sur les lieux, choisis comme juges au Tribunal Commercial Maritime, soient valides, c'est-à-dire qu'ils soient âgés de moins de
50 ans.

Cette disposition a été vivement critiquée; elle a d'abord le
défaut d'introduire des éléments constamment mobiles dans la
composition du Tribunal; le moindre défaut de ces changements peut être d'empêcher l'union qui doit exister entre les
membres, union qui résulte de l'habitude de siéger ensemble, et
de la connaissance du caractère de chacun. En outre, il est fort
difficile, principalement dans un grand port commercial, d'obéir à
la prescription du choix du plus ancien capitaine et surtout du
plus ancien des maîtres; aussi ceux-ci sont-ils à peu près désignés
au hasard par l'Administration maritime. Ces inconvénients dispa-
raîtraient, si l'on éliminait la condition de la validité, car alors on
serait en présence d'hommes qui à la fixité de résidence, join-
draient une expérience des choses de la navigation que n'ont pas
toujours leurs collègues plus jeunes. On échapperait de plus aux
inconvénients du choix faits en quelquesorte par l'Administration.

Ces observations ont été combattues: sans se dissimuler la
difficulté de convoquer le plus âgé des capitaines et des maîtres
valides, il n'est cependant pas impossible de le faire. Le remplacement continu de ces deux juges est un gage d'impartialité pour
les jugements qu'ils rendent. Quant à la validité, la loi en la
prescrivant n'a certainement pas voulu infliger un brevet d'inca-
pacité aux capitaines âgés de plus de 50 ans; cette clause n'a
été insérée que parce qu'à cet âge, les marins n'étant plus
inscrits, il n'aurait pas été possible de désigner les plus anciens.
Outre cette considération, la validité doit être maintenue car un

capitaine qui navigue est plus apte à juger des choses de la mer que ne pourrait le faire un ancien collègue, retiré depuis plusieurs années; aujourd'hui surtout où les changements dans la construction, l'armement des navires sont si fréquents, il peut se présenter tels cas où une connaissance de l'état actuel du matériel naval soit indispensable.

Ces considérations n'ont pas été admises par votre Commission.

Révision des jugements du Tribunal Commercial Maritime. —L'article 45 du décret-loi du 24 mars 1852 porte :

Les jugements des tribunaux maritimes commerciaux ne sont sujets à aucun recours en révision, ni en cassation. Le rapport — en date du même jour — adressé au Président de la République par le Ministre de la Marine motive cette mesure sur ce que: « Les éléments nécessaires pour former un tribunal de révision feraient presque toujours défaut. On ne pourrait, d'autre part, accorder dans l'espèce le droit de pourvoi qui entraîne la suspension de l'exécution, sans perdre le salutaire exemple d'une punition immédiate. » Ces considérations vraies pour les peines relativement faibles n'ont pas paru à votre Commission valables pour les peines édictées par les § 4 et 5 de l'article 55 et qui sont ainsi conçus :

§ 4—La perte ou la suspension de la faculté de commander;

§ 5.—L'emprisonnement pendant six jours au moins et cinq ans au plus.

Votre Commission croit qu'un appel doit pouvoir être formé pour les peines formulées dans le § 4 et pour l'emprisonnement mentionné dans le § 5 lorsqu'il dépassera......

Elle laisse à l'Administration le soin de déterminer la composition du Tribunal d'appel, et le minimum de la peine au-dessus duquel l'appel pourra être fait.

Retrait du brevet. — Vous venez de voir, Messieurs, que l'article 55 du décret-loi prononce pour certains délits le retrait ou la suspension de la faculté de commander. Si cette peine est grave pour celui qui la subit, elle ne lui est du moins infligée que par un tribunal qui juge en toute connaissance de cause, après avoir entendu la défense de l'accusé. Aussi devons-nous vous dénoncer l'article 87 du décret-loi, disant : « Indépendamment des cas de suspension ou de retrait de la faculté de commander prévus par le décret, le Ministre de la marine peut, par continuation, infliger cette même peine, lorsqu'il le juge nécessaire, après une enquête contradictoire dans laquelle le capitaine est entendu. »

Cet article renferme une iniquité qui, quoique consacrée par la loi, n'en est pas moins grande et dont nous devons demander l'abolition ; votre Commission ne voit dans ce droit ainsi octroyé qu'un reste de vieilles mesures oppressives qu'il faut faire disparaître absolument. Il est de droit commun que tout accusé doive être entendu dans sa défense par son juge et ne puisse être condamné sur une simple enquête dont il n'aura pu être admis à contrôler les conclusions. En outre de la question d'équité qui prime toutes les autres, le retrait du brevet est pour un capitaine la perte de son gagne-pain, sans compter la déchéance morale qu'il subit ; il est condamné, il est donc sensé coupable. Nous ne saurions trop le redire : tous les sentiments de justice sont blessés par cet arbitraire, il doit cesser d'être.

Avant de terminer ce qui a trait à la révision de certains articles du Code, votre Commission doit exprimer le désir de voir le Ministre de la Marine codifier dans un seul recueil toutes les lois, décrets, ordonnances qui régissent la marine de commerce : ce serait certes là un des plus grands services qu'il pourrait lui rendre. L'armateur se perd dans le dédale des prescriptions auxquelles il est soumis, et qu'avec les meilleures intentions il peut violer fréquemment. Si jamais cette demande est accueillie, nous désirons que le dernier article du Code de la marine marchande soit

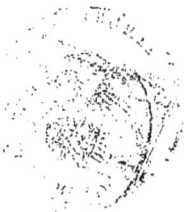

conforme à l'esprit de celui qui termine le Code de Justice de la marine militaire (loi du 4 juin 1858), qui est conçu en ces termes:

Art. 374. —« Sont abrogées toutes les dispositions législatives et réglementaires relatives à l'organisation, à la compétence et à la procédure des Tribunaux de la marine, ainsi qu'à la pénalité en matière de crimes et délits maritimes ou militaires. »

Tout sera dans le Code et tout ce qui ne s'y trouvera pas sera abrogé.

PILOTAGE.

Le pilotage est exercé par des marins qui, après un examen, sont admis, à mesure des vacances, à remplir les fonctions de pilote. Ils sont sous la dépendance de l'Administration de la marine. Les sommes perçues pour frais de pilotage sont versées dans une caisse commune sur laquelle on prélève une retenue destinée à alimenter une caisse de retraite. Le reliquat est partagé également entre tous les intéressés.

Aux environs du littoral, nous parlons spécialement pour Marseille, la mer est divisée en zônes pour lesquelles le prix du pilotage diffère suivant la distance à laquelle chacune d'elles se trouve du port d'arrivée. Les pilotes ne sortent pas au-delà des limites de la zône la plus éloignée.

Votre Commission a pensé que cette réglementation avait de grands inconvénients ; le nombre restreint des pilotes peut être, dans certaines circonstances où les navires affluent dans notre port, une cause de retards préjudiciables. En outre l'obligation de verser les fonds du pilotage dans une caisse commune pour être partagés par parties égales, arrête l'initiative individuelle qui n'est plus stimulée par l'appât d'un gain venant tout entier récompenser son travail. La limitation des zônes est enfin un désavantage pour la marine ; les capitaines pouvant avoir intérêt à trouver des pilotes à grande distance de la côte. Autrefois les pilotes de Marseille allaient attendre les navires sur la côte d'Espagne, tandis qu'aujourd'hui ils ne peuvent dépasser la ligne qui rejoint le port de Bouc au phare de Planier.

Aussi votre Commission croit-elle, dans l'intérêt de la marine, devoir demander *la liberté du pilotage*, les pilotes devant, comme aujourd'hui, satisfaire à un examen. Cette liberté entraînerait la suppression de la caisse commune, ce qui n'empêcherait pas les pilotes qui voudraient s'associer pour acheter un bateau et pour piloter de concert, de le faire, mais ce serait alors une association libre pour laquelle les intéressés se choisiraient entr'eux.

En outre, les pilotes auraient la faculté d'aller en mer à telle distance qu'ils jugeraient convenable, attendre les navires ; les frais de pilotage seraient réglés d'après le nombre de milles à parcourir, les parties étant libres néanmoins de diminuer ce tarif de gré à gré.

La liberté du pilotage présenterait un grand avantage pour nos navires caboteurs. Ceux-ci, lorsqu'ils jaugent plus de 80 tonneaux, sont obligés de prendre un pilote ; c'est pour eux une lourde charge fréquemment renouvellée.

Votre Commission vous propose de demander que *les capitaines caboteurs qui auront passé l'examen de pilotage pour les côtes qu'ils fréquentent soient dispensés de l'obligation de prendre un pilote quelle que soit la jauge de leur navire.*

CONSULATS.

L'institution des Consuls, très-bonne en principe, est loin de répondre dans la pratique à ce que les intéressés seraient en droit d'en attendre ; si beaucoup de Consuls connaissent la loi, très-peu d'entre eux sont versés dans les affaires commerciales. De plus, les règlementations sont tellement étroites et sévères, que la crainte de ne pas les exécuter à la lettre et d'encourir, par cela seul, un blâme du Ministère, les porte à exagérer les formalités et par suite les frais, au grand détriment des intérêts qu'ils doivent protéger. C'est principalement dans les relâches des navires dans les ports étrangers, que l'intervention des Consuls est préjudiciable au Commerce par la précipitation qu'ils mettent dans le règlement des questions d'avaries, de réparations de navires et de ventes de marchandises. Autrefois, lorsque les communications étaient difficiles et longues, il était nécessaire que les Consuls eussent une initiative propre et qu'ils pussent agir immédiatement ; mais aujourd'hui sous le régime du télégraphe et des bâtiments à vapeur, la précipitation de leurs actes peut avoir des conséquences désastreuses pour les intérêts des absents.

Lorsqu'un navire est en relâche, s'il est sur le point d'être condamné pour manque de fonds, par exemple, le Consul devrait surseoir à toute décision définitive, lorsque la relâche se produit sur un point où les communications faciles permettent d'attendre les instructions des intéressés. Cette précipitation n'est-elle pas plus onéreuse pour les marchandises, lorsqu'après condamnation du navire, on vend à vil prix des cargaisons qui auraient pu être réexpédiées par un autre bâtiment, alors surtout que bien peu de marchandises sont réputées périssables, c'est-à-dire, devant être réexpédiées dans le délai d'un mois et demi.

Il faut le dire, les Chanceliers des consulats et les Agents consulaires ont un intérêt manifeste à grossir le plus possible les frais de toute sorte. Pour beaucoup d'entr'eux, un navire en relâche est une mine qu'ils exploitent ; aussi la condamnation des navires et la vente des cargaisons sont-elles ordonnées sans souci aucun de l'intérêt du commerce.

Il appartient au Gouvernement de faire cesser ce déplorable état de choses, en rémunérant ces Agents d'une manière plus convenable.

Ajouterons-nous que le changement fréquent des Consuls est un obstacle aux services qu'ils pourraient rendre? Lorsqu'un Consul a passé plusieurs années dans un pays, lorsqu'il commence à en connaître la langue, les ressources, les besoins, lorsqu'enfin il a fait un apprentissage indispensable, sous prétexte d'avancement on le transfère sur un autre point du globe, où il ne peut utiliser les connaissances qu'il a acquises dans son stage précédent, et où il doit recommencer à nouveau des études qui, plus tard encore, seront non avenues ! Qu'on compare nos Consuls nomades aux Consuls de certaines nations dont les familles sont souvent fixées dans le pays depuis plusieurs générations, et qui mettent ainsi au service de leurs pays une expérience, et des connaissances largement acquises, et s'acroissant tous les jours.

Un mot encore : nos Consuls veulent souvent jouer au Ministre plénipotentiaire au petit pied; leur rôle d'agent commercial s'efface sous celui d'agent politique, et ce n'est certes pas à l'avantage du commerce dont ils négligent les intérêts qu'ils ne regardent plus que comme secondaires.

Aussi pour ces raisons, votre Commission, à l'unanimité, vous propose-t-elle de demander :

1° *Que les Chanceliers des consulats et les Agents consulaires, soient complètement désintéressés dans toutes les questions commerciales maritimes.*

2° *Que l'avancement des Consuls se fasse sur place ou dans la même région ;*

3° *Que dans les points importants, un Agent, absolument commercial, soit placé à côté de l'Agent politique.*

INVIOLABILITÉ DE LA PROPRIÉTÉ MARITIME.

La France a toujours combattu pour maintenir le principe que le pavillon couvrait la marchandise. En 1856, le traité de Paris a fait faire un nouveau pas pour le respect de la propriété maritime; il a aboli la course, et après avoir rappelé que le pavillon neutre couvre la marchandise ennemie, à l'exception de la contrebande de guerre, il a décidé que :

La marchandise neutre, à l'exception de la contrebande de guerre, n'est pas saisissable sous le pavillon ennemi.

Ces décisions ont été adoptées par toutes les nations maritimes, sauf par l'Espagne, qui n'a pas voulu renoncer à la course, et par les Etats-Unis qui ne les ont pas trouvées assez larges. Dans une note adressée le 28 juillet 1856, par M. de Marcy, ministre des Etats-Unis, à M. de Sartiges, ministre de France à Washington, il est dit que les Etats de l'Union seraient prêts à accorder leur adhésion aux décisions du Congrès de Paris, s'il était ajouté à l'énoncé de l'abolition de la course, que la propriété privée des sujets ou citoyens des nations belligérantes seraient exempts de saisie sur mer de la part des marines militaires respectives.

Lors de la discussion du projet de loi sur la marine marchande, l'honorable M. Garnier-Pagès, dans la séance du 16 avril 1866, a rappelé la note du ministre américain, en faisant connaître que le principe qui y est invoqué ne l'est pas pour la première fois. Il avait déjà reçu une confirmation dans le traité conclu en 1785, entre les Etats-Unis et la Prusse. Il avait été adopté également par notre première Constituante et par l'Assemblée Législative, et les décisions prises furent transmises, le 25 juillet 1792, au gouvernement anglais par M. de Chauvelin, notre ambassadeur à Londres. La guerre survenue peu après ne permit pas de donner une suite utile à cette communication.

Depuis le traité de Paris, une nouvelle tentative a été faite ; elle s'est produite, cette fois, en Angleterre. Le 2 mars 1866, M. Grégory, à la Chambre des Communes, demanda qu'il fut présenté à la Reine une adresse la priant d'exercer son influence auprès des puissances étrangères, afin que le respect de la propriété maritime devint une règle de droit international.

Si la question n'a pas été résolue jusqu'à ce jour, il appartient à la France de la reprendre et de la mener à bonne fin.

Dans les guerres sur terre, nous ne sommes plus au temps où les armées vivaient sur le pays ennemi; aujourd'hui, la propriété particulière est respectée, et si, par suite de nécessités impérieuses, des réquisitions sont encore faites, elles ne le sont généralement que contre indemnité. Et alors, pourquoi, si la maison, si le champ d'un ennemi sont respectés, son navire et les marchandises qu'il porte, ne jouiraient-ils pas de la même immunité? On objecte que le commerce maritime enrichissant les ennemis, il faut le détruire pour les amener plus facilement à composition; mais, est-ce que la propriété mobilière et foncière de ces mêmes ennemis, concourt moins au même but? Pourquoi deux poids et deux mesures et trouver juste sur mer ce qui est injuste sur terre? C'est là un reste de la barbarie d'un autre âge qui doit disparaître; le temps n'est plus où une nation croyait ne pouvoir être grande que par la ruine et l'asservissement des autres peuples. Les guerres ne doivent être que des luttes entre les gouvernements, luttes dont les déplorables effets ne doivent pas écraser les citoyens.

La guerre a néanmoins des exigences que nous ne méconnaissons pas et avec lesquelles il faut concilier le respect de la propriété; ainsi, il n'est pas possible de laisser passer la contrebande de guerre; de même, un port, réellement bloqué par des forces navales, doit être interdit aux navires de commerce. Aussi, est-ce dans cet esprit que votre Commission vous propose de demander :

Que la propriété maritime soit respectée sur mer et dans les ports par les navires de guerre belligérants. Ne sont exceptés, que la contrebande de guerre et les navires voulant forcer un blocus effectué par des forces navales suffisantes.

TRAITÉS DE NAVIGATION.—ASSIMILATION DES PAVILLONS.

L'existence d'une marine marchande repose avant tout sur la possession du fret.

Ayons du fret, et nous trouverons bien vite les hommes et l'argent nécessaires pour la création et l'entretien d'un armement considérable.

A toutes les époques, la législation a recherché le moyen d'alimenter les transports maritimes.

Deux systèmes se sont trouvés en présence et ont successivement été adoptés. C'était la liberté absolue du trafic maritime entre les nations, ou bien le privilège, pour chaque nation, de réserver pour son pavillon la navigation entre ses Colonies et la Métropole.

En 1651, la Hollande était toute puissante sur mer. Cromwell, voulant la combattre et relever la marine britannique de l'état d'infériorité où elle était tombée, promulgua l'acte de navigation qui excluait les bâtiments étrangers de tout le commerce de cabotage et de pêcherie, de tout commerce entre la Métropole et les Colonies et des Colonies entr'elles, et réservait enfin aux bâtiments anglais tous les transports de matières encombrantes; une seule exception était maintenue en faveur des bâtiments du pays d'où provenaient les marchandises importées.

La France maintenait de son côté le système de la liberté. N'ayant que peu de Colonies, elle mettait en vigueur, sous Colbert, le système qui convenait le mieux à sa nature; les navires étrangers faisaient l'intercourse et le cabotage concurremment avec les nôtres, et en n'étant soumis qu'à des droits relativement assez doux. Le navire put être acheté à l'étranger, et il y eut même un moment où des primes furent payées pour en favoriser la francisation. On fit des traités avec les puissances étrangères de manière à étendre le cercle de nos opérations maritimes.

3*

En 1793 , la Convention annula tous les traités d'alliance et de commerce conclus antérieurement avec les puissances étrangères et copia servilement l'acte de Cromwell.

Les bâtiments français devaient être construits en France, le cabotage et le privilége de la navigation entre la Métropole et nos Colonies leur étaient réservés. Aucune marchandise ne pouvait être importée en France ou dans les Colonies que par notre pavillon. Une seule exception était encore faite ici, comme dans le bill anglais, en faveur du navire appartenant au pays d'où provenaient les marchandises importées.

Après les guerres de la Révolution et de l'Empire, notre marine marchande n'existait plus que de nom, si bien qu'il fallut permettre aux navires étrangers d'importer dans nos ports les produits du sol ou de l'industrie des tierces puissances.

Des réclamations se firent entendre et après un certain temps le gouvernement de la Restauration, désireux de voir revivre notre marine , frappa d'une surtaxe le transport par navire étranger des denrées tropicales et des marchandises d'encombrement.

Les États-Unis d'Amérique nous répondirent par une guerre de tarifs qui se termina au traité du 24 juin 1822. Le principe de la réciprocité fut admis en matière de navigation pour le transport direct des produits originaires du sol et de l'industrie des deux pays. Un traité consacrant les mêmes principes fut signé avec l'Angleterre , sous la date du 26 janvier 1826 , et étendu successivement à toutes les puissances.

Une fois le système admis, toutes conditions n'étant pas égales, la lutte pour la navigation directe s'engagea de nation à nation. Celle dont la marine était plus nombreuse, prit naturellement une plus grande part à cette navigation.

Mais vers la même époque, et c'est ce qu'on n'a pas assez remarqué, un acte voté par le parlement des États-Unis, sous la date du 7 janvier 1824, inaugurait d'une manière plus complète le principe de la réciprocité, en l'étendant à l'intercourse. La section 4 de cet acte était conçu ainsi qu'il suit :

« Le président des Etats-Unis est autorisé par le présent acte, « sur la preuve à lui administrée par le gouvernement d'une nation « étrangère, qu'aucun droit différentiel de tonnage ou d'importa-« tion ne se perçoit dans les ports de ladite nation, sur les bâti-« ments en totalité la propriété des citoyens des Etats-Unis, ou « sur les produits du sol et de l'industrie, que lesdits bâtiments « importent dans ledit pays des Etats-Unis ou de toute autre « contrée, à déclarer par une proclamation que dans les ports des « Etats-Unis, les droits différentiels de tonnage et d'importation « cesseront d'être appliqués aux bâtiments de ladite nation étran-« gère et aux produits du sol et de l'industrie importés aux Etats-« Unis par lesdits bâtiments expédiés de ladite contrée ou de toute « autre contrée étrangère.

« Ladite suppression de droits sera applicable à partir du jour « de la notification faite au président des Etats-Unis, et restera en « vigueur aussi longtemps que sera maintenue l'exemption réci-« proquement accordée aux bâtiments appartenant à des citoyens « des Etats-Unis et à la cargaison de ces bâtiments. »

Les petites puissances, qui avaient tout à gagner à ouvrir à leur pavillon les ports des Etats-Unis, s'empressèrent de recher-cher l'application de ces principes.

La Suède accepta le principe de la plus absolue liberté de navigation. La Russie l'accepta également. La Sardaigne et la Toscane, ayant Gênes et Livourne ports francs, s'engagèrent dans la même voie. Bientôt la Prusse, les villes Anséatiques, l'Autriche suivirent.

Enfin la marine anglaise, battue dans le mouvement général de sa navigation, par l'importance croissante du tiers pavillon, se décida à suivre le mouvement; et voyant que la marine marchande des Etats-Unis, libre dans ses mouvements, était deve-nue la plus importante du monde, l'Angleterre proclama à son tour le principe de la liberté de navigation.

Le 1er janvier 1850, toutes les anciennes lois destinées depuis deux siècles à protéger la navigation anglaise, firent place au nouveau régime.

Dès le 16 octobre 1849, le président des États-Unis, en vertu des pouvoirs résultant de la loi dont il vient d'être parlé ci-dessus, publie l'acte suivant :

« 1° Par suite des modifications que viennent de subir les lois
« de navigation de l'Angleterre, à partir du 1er janvier 1850, les
« bâtiments anglais venant des ports anglais ou étrangers seront,
« aux termes des lois en vigueur, admis dans les ports des États-
« Unis avec chargement de produits du sol ou de l'industrie de
« toutes les parties du monde ;

« 2° A partir de la même époque, lesdits bâtiments et leurs
« chargements seront admis dans les ports des États-Unis, pour
« les droits d'importation et autres, aux mêmes conditions que les
« bâtiments des États-Unis et leur chargement. »

Voilà donc que notre isolement grandissait encore, et que renfermée dans la navigation privilégiée entre la France et ses colonies, notre marine marchande prenait une part chaque jour plus faible à la navigation internationale directe, et ne pouvait jamais participer comme tiers pavillon à la navigation entre pays étrangers. Notre système de droits différentiels était retourné contre nous et par suite nous étions imposés de surtaxes en pays étranger, même sur les marchandises étrangères prises dans nos entrepôts. Pour en donner un exemple, des laines du Levant ne pouvaient être exportées de Marseille à New-York, sans y être soumises à une surtaxe de 10 p. 0/0, tandis que presque tous les navires étrangers étaient admis à faire ce transport dans les mêmes conditions que par pavillon américain.

Cette situation était intolérable pour notre marine marchande Elle le devint bien plus lorsque par la loi du 3 juillet 1861, le Gouvernement, cédant aux réclamations de nos colonies, prononça leur émancipation commerciale et retira dès lors, à notre pavillon, une partie des priviléges qui lui étaient réservés.

Il fallut donc se résigner à accepter le mouvement qui s'était créé en dehors de nous et qui nous devenait si fatal.

Par la loi du 19 mai 1866, la surtaxe de pavillon fut condamnée et trois ans après la promulgation de cette loi, l'assimilation des pavillons devint un fait accompli.

Nous voilà donc aujourd'hui en présence d'une nouvelle situation qui nous a été imposée par la force des choses, et dont nous aurions tort de nous effrayer outre mesure.

Que faut-il en effet pour que nous soutenions la lutte avec les autres marines des grandes comme des petites nations ?

Il nous faut la liberté; libres dans une certaine mesure des entraves que nous impose l'inscription maritime, libres surtout de fréquenter tous les ports du monde et d'aller n'importe où, là où se trouvent les éléments de frets, nous ne manquerons pas, qu'on en soit certain, ni d'hommes ni de capitaux.

Nous devons donc réclamer maintenant :

1° Un traitement pour notre pavillon égal à celui du pavillon national dans quelque port que nous nous présentions ;

2° Des représailles énergiques contre ceux qui ne nous accueilleront pas chez eux, comme nous les accueillons chez nous.

On a vu ci-dessus comment les Etats-Unis ont répondu à la liberté de navigation proclamée par l'Angleterre.

Qu'on veuille bien examiner la différence des termes entre l'acte qui admettait le pavillon anglais au bénéfice du pavillon national et celui qui répondait à l'assimilation des pavillons proclamés chez nous :

Attendu qu'il m'a été notifié officiellement de la part de S. M. l'Empereur des Français, par M. le comte de Faverney, son chargé d'affaires, qu'à partir de la présente date, les droits différentiels perçus dans les ports français sur les marchandises apportées de leur pays d'origine par des bâtiments naviguant sous le pavillon des Etats-Unis d'Amérique seront abolis :

En conséquence, moi, U. S. Grant, président des Etats-Unis d'Amérique, en vertu de l'autorité qui m'est déléguée par une loi du Congrès du 7 janvier 1824 et par un acte additionnel du 24 mars 1828, je déclare et proclame par les présentes que, à partir d'aujourd'hui, tant qu'une marchandise importée des pays où elle est produite dans des ports français par des navires appartenant à des citoyens des Utats-Unis, sera admise dans les ports français aux conditions susdites, les droits différentiels prélevés jusqu'ici sur une marchandise importée du pays où elle est produite dans les ports des Etats-Unis par des navires français, cesseront d'être perçus et seront abolis.

Washington, le 12 juin 1869.

U. S. GRANT.

On le voit : Depuis le 12 juin, nous admettions le pavillon américain sans qu'il eut à payer pour sa cargaison, d'autres droits que le pavillon français. Nous n'étions pourtant reçus aux Etats-Unis, qu'avec des chargements provenant du sol et de l'industrie des pays d'où ils sont importés ; les bâtiments anglais, au contraire, y étaient reçus avec chargement des produits du sol ou de l'industrie de toutes les parties du monde.

Cette anomalie a été reconnue par M. le Ministre du Commerce, ainsi qu'il résulte d'une lettre qui se trouve annexée au présent rapport (1).

Elle devait disparaître ; les réclamations de notre Gouvernement qui ont suivi, ont été favorablement accueillies.

Le 20 novembre 1869, le président des Etats-Unis a publié l'acte suivant :

Attendu que d'après la proclamation du président des Etats-Unis, en date du 12 juin dernier, l'on a cessé de lever des droits différentiels sur les marchandises importées de leur point d'origine aux Etats-Unis, par des navires français ; de plus :

Attendu qu'il résulte des renseignements satisfaisants par moi reçus, que la levée des droits en question sur toutes marchandises importées en France, soit de leur lieu d'origine, soit d'autres pays, sur des bâtiments des Etats-Unis, a cessé :

(1) Voir les notes D et E.

En conséquence, moi, Grant, président des États-Unis d'Amérique, en vertu de l'autorité dont j'ai été investi d'après un acte du Congrès du 7 janvier 1824 et d'après un acte additionnel à celui-ci, en date du 24 mai 1828, je déclare et proclame aujourd'hui par les présentes qu'à partir de la présente date et après, tant que les marchandises importées en France, soit de leur lieu d'origine, soit de tout autre lieu, par bâtiments des États-Unis, seront admises dans les ports français dans les termes susdits, les droits différentiels jusqu'ici levés sur les marchandises importées dans les États-Unis par navires français, soit des lieux de leur origine ou de tout autre pays, seront discontinués et abolis.

En foi de quoi, j'ai ici donné ma signature et fait apposer le sceau des États-Unis.

Fait dans la ville de Washington, ce 20ᵉ de novembre, l'an de Notre-Seigneur 1869 et de l'indépendance des États-Unis d'Amérique le 94ᵉ.

Signé : U.-S. GRANT.

En Angleterre, nous sommes encore soumis à certains droit de phares, d'ancrage, perçus au profit de diverses corporations, sur le pavillon étranger seulement. Les anglais ne payent plus aucun droit de ce genre chez nous. Il faut que nous en soyons exempts chez eux (1).

En Russie, quelques droits locaux existent encore dans certains ports (notamment à Riga), malgré le principe de réciprocité absolue et d'assimilation complète de pavillon, si nettement posés dans l'ukase qui fut dirigé contre la France, à la date du 19 juin 1845. Ces droits ne peuvent subsister qu'à la condition d'être également perçus sur le pavillon russe, et non pas seulement sur le pavillon étranger; autrement, ils doivent être supprimés.

En Espagne, le traité conclu le 15 août 1761, et connu sous le nom de pacte de famille, stipulait expressément que les sujets français et espagnols jouiraient dans leurs états respectifs (art. 24), des mêmes droits, priviléges et exemptions que les nationaux, par rapport à la navigation et au commerce, sans que les autres

(1) Voir la note F.

puissances de l'Europe pussent être admises à cette alliance de famille, ni prétendre pour leurs sujets le même traitement. Néanmoins, nous sommes soumis aujourd'hui à des droits considérables dans les ports de la Péninsule, tandis que les navires espagnols viennent sur nos côtes dans les mêmes conditions que les nôtres.

« En Espagne et dans les îles adjacentes, dit M. le Ministre (1), « les droits différentiels abolis en principe ont été remplacés « jusqu'en 1872, par un droit fixe qui ne porte plus que sur trente- « quatre articles.

« En ce qui concerne le cabotage, le gouvernement espagnol « le réserve en principe au pavillon national.

« Dans les colonies espagnoles, les marchandises demeurent « soumises à des droits différentiels de pavillon. »

Les Espagnols peuvent pourtant venir dans nos ports concurremment avec nous. Ils peuvent faire le cabotage en France en vertu du pacte de famille (Voir les circulaires ministérielles du 20 septembre 1817 et 10 janvier 1827 qui n'ont pas été abrogées).

Mais les navires français ne peuvent faire le cabotage en Espagne. Ils n'y ont gardé du bénéfice des conventions que d'être traités pour les droits de port comme les navires nationaux.

Il se pose donc en ce moment un dilemme qui réclame une solution énergique.

Ou bien, le pacte de famille est encore la loi qui régit les relations commerciales entre la France et l'Espagne, et dans ce cas, nous devons réclamer une réciprocité parfaite entre les deux nations et l'assimilation complète du pavillon français au pavillon espagnol.

Ou bien le pacte est tombé en désuétude ; il a cessé d'être la règle pour les relations entre les deux pays, et nous ne devons à l'Espagne que la réciprocité du traitement qu'elle nous réserve.

(1) Note E.

Pourquoi ne pourrions-nous pas, suivant en cela l'exemple qui nous a été donné par les États-Unis, proclamer le principe d'une réciprocité absolue, et par suite établir en France, sur le pavillon espagnol, les droits et surtaxes dont le pavillon français est grévé chez nos voisins, lesquels droits seraient abolis chez nous le jour où il plairait au gouvernement espagnol de les abolir chez lui.

Nous savons bien que des intérêts dynastiques ont amené, sous les divers gouvernements qui se sont succédés en France, des complaisances dont le pays fait les frais. Mais qu'on ne s'y trompe pas, les circonstances ne sont plus les mêmes.

Si, au nom d'une certaine politique, on se croit autorisé à tolérer un état de choses intolérable, on oublie qu'avec le besoin d'expansion des peuples modernes, on ne peut plus fouler impunément aux pieds les règles de la justice, et que les intérêts matériels trop longtemps méconnus finissent par réclamer bruyamment leurs droits.

Le Portugal, lui aussi, jouit chez nous du bénéfice de l'assimilation des pavillons, et repousse nos navires par des droits différentiels.

La Hollande maintient dans ses colonies un droit de sortie considérable sur le pavillon étranger auquel son propre pavillon n'est point soumis.

Voilà les seules nations chez lesquelles nous ne soyons pas assimilés en tous points au pavillon national.

Quelle est donc la conduite à suivre vis-à-vis de ces nations pour faire cesser une situation si contraire à nos intérêts ?

La réponse se présente d'elle-même.

Nous avons été entraînés par les représailles exercées contre nous à abandonner notre ancien système protecteur. Nous avons obéi à un mouvement dont nous avons indiqué l'origine. Nous

4

devons à notre tour forcer les nations réfractaires à entrer dans le concert des nations maritimes.

Le Gouvernement s'est bien réservé ce droit dans l'article 6 de la loi du 19 mai 1866, ainsi conçu :

« Dans le cas où le pavillon français serait, dans un pays
« étranger, soumis au profit du gouvernement, des villes ou des
« corporations, soit directement soit indirectement, pour la navi-
« gation, l'importation ou l'exportation des marchandises, à des
« droits ou des charges quelconques dont les bâtiments dudit pays
« seraient exempts, des décrets impériaux pourront établir sur
« les bâtiments de ladite nation entrant dans les ports de l'Empire,
« d'une colonie ou d'une possession française, et sur les marchan-
« dises qu'ils ont à bord, tels droits ou surtaxes qui seraient jugés
« nécessaires pour compenser les désavantages dont le pavillon
« français serait frappé. »

Nous sommes donc armés du moyen de nous défendre contre ceux qui profitent de notre générosité au détriment de nos armements maritimes.

Il faut que nous demandions le traitement national à ceux qui ne nous l'accordent pas, ou bien que nous rétablissions contre eux la surtaxe de pavillon.

Le Gouvernement a le droit et, nous dirons, le devoir de le faire.

Quant aux surtaxes d'entrepôt, lesquelles pèsent d'une manière égale sur le pavillon français comme sur le pavillon étranger, nous ne croyons pas que leur influence soit bien considérable sur le sort de nos armements. Il est évident que l'importation directe pour les articles principaux de notre commerce sera toujours plus avantageuse que celle qui pourrait se faire par voie détournée. On ne recourt généralement d'une place d'entrepôt à une autre que pour certains articles qui viennent subitement à manquer. Dans ce cas, on peut affirmer que c'est la consommation du pays qui seule fait les frais de la surtaxe comme des autres frais plus élevés, par la hausse que produit la demande.

Mais comme , dans l'état de malaise où se trouve notre marine, chacun croit à l'efficacité de son remède , nous opterons pour le maintien des surtaxes d'entrepôt . afin de ne pas donner à ceux qui se croiraient sacrifiés , un nouveau prétexte de plaintes.

En terminant ce rapport, nous vous demandons, Messieurs, de vous joindre à nous, pour adresser un juste témoignage de gratitude à M. le capitaine Perrée, président du Cercle des capitaines marins, à M. Jeansolen, capitaine marin, directeur du Véritas, à M. Meistre, constructeur de navires, et à M. Ytier, armateur.

Ces Messieurs ont bien voulu accepter de suivre nos délibérations , ils les ont éclairées de leur expérience , et nous ont puissamment aidés dans l'étude dont nous vous soumettons les résultats.

Il nous reste à souhaiter que notre travail jette un peu de lumière sur cette grave question qui se pose aujourd'hui plus impérieuse que jamais :

Notre marine se meurt , que peut-on tenter pour son salut?

Les Membres de la Commission :

MM. BAUX (Alphonse), *président*;
BOSC;
CONDAMIN ;
ESTRANGIN (Alexis);
FRAISSINET (Adolphe);
HUGUENIOT ;
LALEU (De)
PICHAUD;
RABAUD (Alfred);
REGIS (Victor);
RIVET;
MARTIN (Ernest), ⎫
ROSTAND (Jules), ⎬ *rapporteurs.*

Ouï le rapport qui précède, la Chambre Syndicale dans la séance du 11 Janvier 1870, en adopte les conclusions et les convertit en délibération, à savoir :

1° Le maintien de l'inscription maritime avèc les modifications suivantes :

La durée du service militaire de l'inscrit est fixée à quatre ans, après lesquels il ne pourra plus être appelé sur la flotte qu'en temps de guerre et par une loi. Il ne pourra plus être appelé au service de l'Etat lorsqu'il aura atteint l'âge de 30 ans.

2° La faculté d'armer nos navires avec des étrangers jusqu'à concurrence de la moitié du personnel de l'équipage entier. — Celle d'armer entièrement avec des étrangers, soit un navire acheté à l'étranger, — soit un navire français désarmé à l'étranger et reprenant armement, jusqu'à leur arrivée en France.

3° Cessation des salaires du matelot débarqué pour cause de maladie ; les frais d'hôpital et de repatriement à la charge de l'armement. Gratification maximum de trois mois de gages donnée au matelot à son arrivée en France.

4° Maintien de la loi en ce qui concerne la nourriture des équipages.

5° Prompte révision du livre II du Code de Commerce.

6° Modification des examens des capitaines au long cours et de la composition du jury d'examen.

7° Révision du Code maritime en ce qui concerne la composition du Tribunal commercial maritime. Suppression de la validité exigée pour le capitaine et le maître d'équipage. —Faculté d'appel en certain cas —Rappel de l'article 87 du décret-loi du 24 mars 1852 relatif au retrait du brevet des capitaines par le Ministre de la Marine. — Codification des lois sur la marine marchande.

8° La liberté du pilotage.— Dispense pour les Capitaines caboteurs ayant passé l'examen du pilotage, de l'obligation de prendre un pilote quelle que soit la jauge de leur navire.

9° Que les chanceliers des consulats et les agents consulaires soient complètement désintéressés dans toutes les questions commerciales et maritimes; — que l'avancement des consuls se fasse sur place ou dans une même région; — que dans les points importants, un agent absolument commercial, soit placé à côté de l'agent politique.

10° Inviolabilité de la propriété maritime par les navires de guerre des nations belligérantes.

11' Maintien de l'assimilation des pavillons, mais avec

des représailles énergiques par le moyen de surtaxes contre toutes les nations qui ne nous assimileront pas chez elles au pavillon national.—Maintien des surtaxes d'entrepôt.

La présente délibération, avec le rapport y annexé, seront imprimés et publiés.

Les Membres de la Chambre Syndicale:

MM. Baux (Alph.),   *Président.*
    Rostand (J.),   *Vice-Président.*
    Condamin,   »
    Estrangin (Alexis), *Trésorier.*
    Martin (Ernest).   *Secrétaire.*

MM. Abbeg. — (E.) Arnaud. — Baudouin. — Bosc. — Chalmeton. — Daniel (A.). — Domergue (A.).— Estienne (L.).— Folsch (H.).—Fraissinet (Ad.). —Hugueniot (P.).—Imer (Jules).— Lagarde (A.). — De Laleu. — Pianello. — Pichaud (A.). — Rabaud (Alfred). — Racine (Alfred). — Régis (Victor). — Rivet (Gustave). — Rodocanachi (M.-E.). — Rozan (Eugène).— Seitz.— Seren (L.). — Villeméjane (A.).

PIÈCES JUSTIFICATIVES

Note A.

La retenue opérée sur les salaires du marin pendant les vingt-cinq ans de navigation qu'il est obligé de faire pour avoir droit à sa demi-solde, est très-variable suivant qu'il a navigué plus ou moins longtemps à la pêche, au cabotage ou au long-cours. Le total de cette retenue varie aussi suivant l'âge auquel le marin commence à naviguer.

Les deux tableaux qui suivent forment les limites extrêmes, entre lesquelles sont comprises les retenues faites au matelot

N° 1.

NOMBRE D'ANNÉES	AGE	GENRE de Navigation	SOLDE PAR MOIS	SOLDE TOTALE	RETENUE 3 0/0	RETENUE PAR MOIS	TOTAL de la Retenue
6	10 à 16 ans	Pêche	»	»	»	0 15	10 80
2	16 à 18 »	»	»	»	»	0 30	7 20
3	18 à 21 »	»	»	»	»	0 50	18 »
6	21 à 27 »	Flotte	30 fr.	2,160 fr.	64 80	»	64 80
8	27 à 35 »	Pêche	»	»	»	0 50	48 »
25 ans.							Fr. 148 80

N° 2.

NOMBRE D'ANNÉES	AGE	GENRE de Navigation	SOLDE PAR MOIS	TOTAL	3 0/0
6	21 à 27 ans	Flotte	30	2,160	64 80
19	27 à 46 ans	Commerce	50	11,400	342 »
25 ans.					Fr. 406 80

La retenue varie donc entre fr. 148 80 et fr. 406 80.

Note B.

Il peut être utile de mettre en regard du mode de recrutement de notre flotte et de la position faite au marin français par l'inscription, le mode usité chez quelques autres nations de l'Europe pour subvenir aux besoins de leur défense maritime.

En Angleterre, la profession de marin est libre, le recrutement de la flotte se fait comme celui de l'armée de terre par des engagements volontaires. La presse si souvent employée pendant la guerre contre la France, de 1792 à 1815, est tombée en désuétude ; il n'y en a pas eu un seul exemple pendant la guerre de Crimée, et cependant à cette époque, des navires de guerre sont restés plusieurs mois dans le port sans pouvoir compléter leurs équipages. Les primes d'engagement, les hautes paies, sont les moyens employés pour attirer les marins sur les bâtiments de l'Etat.

La seule obligation à laquelle soit soumis le marin est l'inscription sur un registre, sorte d'Etat-civil de la marine. A chaque mutation survenue à son bord, tout capitaine est obligé d'en informer le directeur de l'enregistrement maritime du lieu où est inscrit le marin ; on peut ainsi, en tout temps, suivre les traces de ce dernier.

En Espagne règne le régime le plus absolu. Tout marin doit les services à l'Etat jusqu'à l'âge de 60 ans, et il est levé sur la désignation du Syndic du quartier sans aucune règle de tour ni de durée de service antérieur. Mais l'importance assez faible de la flotte relativement au nombre des marins inscrits permet de ne pas imposer un service trop long ou trop répété aux marins qui ne veulent pas faire leur métier de la navigation sur les navires de guerre.

En Suède les marins sont libres en temps de paix, la flotte ne se recrutant que par des engagements volontaires. Mais lorsque la guerre est déclarée, l'Etat a le droit de lever tous les marins indistinctement.

L'Italie possède l'inscription maritime, mais le fonctionnement de cette institution est tout différent de celui employé en France. La grande étendue des côtes et la pauvreté territoriale d'une partie du pays, en Ligurie notamment, ont donné naissance à une nombreuse population maritime qui n'est pas en rapport avec la superficie du royaume, Aussi le législateur a-t-il cherché à restreindre autant que possible le nombre des inscrits afin d'augmenter celui des hommes destinés au recrutement de l'armée de terre.

Les gens de mer se divisent en deux catégories :

Dans la première sont compris : les capitaines et patrons, les matelots, les mousses, les mécaniciens, chauffeurs et toutes personnes employées au service des machines sur les bâtiments de mer ; enfin, les pêcheurs qui font la pêche au large ou à l'étranger.

Dans la deuxième se rangent : les constructeurs , les charpentiers et calfats, les pilotes pratiques , les bateliers , les pêcheurs du littoral et les hommes de renfort embarqués sur les bateaux qui font la pêche au large ou à l'étranger.

Les hommes de la première catégorie sont inscrits sur un registre matricule; il faut pour cela qu'ils remplissent les conditions suivantes :

Etre citoyen italien ; avoir 10 ans accomplis ; avoir été vacciné ou avoir eu la petite vérole ; avoir le consentement des parents ou tuteurs , si le postulant est mineur ; être domicilié dans l'arrondissement maritime où se fait l'inscription ; être actuellement embarqué sur un navire national.

L'inscrit qui a accompli 24 mois de navigation effective et qui est âgé de 18 ans passe dans la classe des matelots.

A 21 ans , tous les matelots tirent au sort sur une liste composée de marins seulement et ceux que le sort a désignés vont au service de l'Etat pendant quatre ans ; le plus souvent avant que les quatre années soient accomplies, ils sont renvoyés en congé renouvelable.

A l'expiration des 4 ans de service , ils restent à la disposition de l'Etat jusqu'à l'âge de 40 ans.

Néanmoins les marins qui , au moment de la conscription , déclarent vouloir servir pendant 8 années consécutives , sont entièrement libérés à l'expiration de ce laps de temps.

Les gens de mer rangés dans la deuxième catégorie sont entièrement assimilés aux hommes de l'intérieur des terres pour le service dû à l'Etat. Ils tirent au sort avec ces derniers et ceux qui sont désignés sont incorporés dans l'armée de terre. Ils y servent pendant 5 ans et restent ensuite à la disposition de l'Etat jusqu'à l'âge de 40 ans. Ce système a le défaut de faire oublier leur métier primitif aux marins qui y sont soumis.

Note C.

Le nombre des marins demandés par le Ministre de la Marine pour le service de la flotte en 1869 (voir le budget de cette année), est ainsi fixé :

À bord des vaisseaux : 29,474 hommes.
dont . . . . 1,534 état-major. } Reste : 27,940 marins.
Dans les divisions. . . . . 9,000 »

TOTAL. . . . . . . 36,940 »

Qui se décomposent en :

5 contingents de la conscription à 2,400 hommes chaque , réduits à 2,000 par les morts , les
non-valeurs, les absents . . . . 10,000 »
Engagés volontaires , environ.. . . . . 3,000 »
Marins inscrits. . . . . 23,940 »

TOTAL ÉGAL. . . . . 36,940 »

La flotte toute entière se compose de :

16 vaisseaux et frégates cuirassés à 600 hommes
en moyenne. . . . . 9,600 »
12 vaisseaux à vapeur rapides , à 900 hommes
en moyenne. . . . . 10,800 »
1 corvette cuirassée . . . . 300 »
17 frégates rapides à 400 hommes , en moyenne 6,800 »
66 corvettes , avisos }
104 navires de flotille } 70 hom., en moyenne. 11,400 »
2 vaisseaux-école 880
26 gardes-côtes et batteries-flottantes à 200
hommes, en moyenne. . . . . 5,200 »
2 navires américains. . . . . 600 »
73 transports à vapeur, à 200 hommes, moyenne 14,600 »

} 60,480

316 navires; non compris : 20 transports et 50 garde-pêche à voiles.
Dans les divisions , il faut compter en temps de guerre 16,000

TOTAL . . . 76,180

Mais en temps de guerre , la moitié au moins des petits navires
et de la flotille seraient désarmés , il faudrait donc défalquer. 5,700

Le nombre des hommes nécessaires reste alors. 70,480

Note D.

A Son Excellence Monsieur le Ministre de l'Agriculture et du Commerce

Monsieur le Ministre,

J'ai l'honneur de vous adresser ces lignes pour solliciter de votre haute bienveillance, des renseignements importants au point de vue maritime qui n'ont pu être donnés ni par notre Chambre de Commerce, ni par notre Douane, ni par les Consuls des puissances étrangères résidant à Marseille.

Depuis le 12 juin, les surtaxes de pavillon sont supprimées, c'est-à-dire qu'à partir de ce jour les marchandises importées en France, sous pavillon étranger, sont traitées comme si leur importation s'était effectuée sous pavillon français.

Je voudrais, comme d'autres armateurs de notre place, faire partir des navires français sans destination fixe, c'est-à-dire avec un armement pour trois années, qui puissent se diriger, suivant la convenance des frêts, sur n'importe quel port du monde, de manière à ne jamais naviguer à vide en allant d'un point à un autre.

Pour cela, il est essentiel que nous sachions d'avance quel est le traitement réservé, en pays étranger, au pavillon français.

Rien n'a été publié à ce sujet,

En recherchant dans les divers traités passés avec les puissances étrangères, nous voyons que les marchandises de toute nature, importées *de quelque lieu que ce soit*, par pavillon français, dans le Zollwerein, les villes Anséatiques, le grand-duché de Mecklembourg-Schverin, jouiront des mêmes priviléges et ne payeront d'autres, ni de plus forts droits de douane, de navigation, etc., que si l'importation avait eu lieu sous pavillon national.

Ces dispositions libérales ont été acceptées par l'Italie, ainsi qu'il résulte des renseignements que nous avons dû nous procurer, par suite des doutes que pouvait nous laisser concevoir l'article 5 du traité passé avec cette puissance.

La Russie nous accorde-t-elle les mêmes priviléges ? On dit généralement que oui sans en être certain.

En Angleterre, les droits locaux qui grevaient encore le pavillon étranger, ont-ils été abrogés au profit des pavillons français ?

Comment sommes-nous traités chez toutes les autres nations ?

Nous voyons à regret que les États-Unis ne traitent pas notre pavillon comme nous traitons le leur et comme ils traitent le pavillon anglais.

Ainsi tandis que les bâtiments anglais, venant des ports anglais ou étrangers, sont admis dans les ports des États-Unis avec produits du sol ou de l'industrie de toutes les parties du monde, aux mêmes conditions pour les droits d'importation et autres que les bâtiments des États-Unis et leur chargement, le pavillon francais n'est assimilé au pavillon américain que pour la marchandise importée directement du pays où elle est produite.

L'Espagne, nous le savons, est toujours restée en arrière du mouvement économique qui entraîne tous les gouvernements éclairés de l'Europe. Sans doute, si cet état de chosés continue, la France cessera d'être trop généreuse à son égard.

Votre Excellence n'ignore pas que si nous ne voulons pas voir décroître rapidement notre marine, il faut que nous puissions lutter à armes égales.

Votre Excellence nous rendrait donc un très grand service si elle voulait bien nous indiquer, en attendant mieux, quelles sont les nations chez lesquelles nous pouvons dès à présent, importer par notre pavillon, directement ou indirectement des pays de production ou des entrepôts, les marchandises de toutes les parties du monde sans être soumis à d'autres, ni de plus forts droits que ceux payés par le pavillon de ces mêmes nations.

Signé : N.

NOTE E.

Paris, le 9 Septembre 1869.

MINISTÈRE DE L'AGRICULTURE ET DU COMMERCE.

MONSIEUR,

Par lettre du 27 du mois dernier, vous exposez que, pour effectuer à l'étranger certaines opérations commerciales et maritimes de longue durée, il vous importerait de connaître chez quelles nations vous pouvez vous présenter sans avoir à payer de surtaxes de pavillon et vous me priez de vous fournir des renseignements à ce sujet.

Depuis la mise en vigueur de l'article 5 de la loi sur la marine marchande en France, presque toutes les nations avec lesquelles nous entretenons des relations de commerce, nous concèdent le traitement national dans leurs ports. Il n'y a d'exception à cet égard que pour le Portugal, l'Espagne et les Etats-Unis.

En Portugal, aux termes de l'article 7 des *Instructions Préliminaires* du Tarif, il est perçu une surtaxe d'un cinquième sur les marchandises importées sous pavillon étranger.

En Espagne et dans les Iles adjacentes, les droits différentiels, abolis en principe, ont été remplacés jusqu'en 1872 par un droit fixe qui ne porte plus que sur trente-quatre articles, parmi lesquels figurent la fonte, le fer, les machines, les eaux-de-vie, les tissus, etc.

En ce qui concerne le cabotage, le gouvernement espagnol le réserve en principe au pavillon national et ne nous a accordé aucune facilité nouvelle en dehors de celles dont le pavillon étranger jouissait déjà pour le transport des passagers et de certaines matières premières.

Dans les colonies espagnoles, à Cuba, les marchandises demeurent soumises à des droits différentiels de pavillon à l'importation seulement, car le décret du 2 juin 1869 a rendu applicable à tous les navires, sans distinction de pavillon, les nouveaux droits de sortie établis sur le sucre, le tabac, la mélasse et les eaux-de-vie. A Porto-Rico et aux Iles Philippines, les tarifs en vigueur maintiennent les taxes différentielles, aussi bien à l'importation des marchandises étrangères, qu'à l'exportation des produits indigènes sous pavillon étranger. Dans les possessions espagnoles du Golfe de Guinée seules, le décret du 12 novembre 1868 a supprimé, à partir de l'exercice 1869-70, les droits d'importation d'exportation et de navigation.

En ce qui concerne les Etats-Unis, une proclamation du général Grant, du 12 juin 1869, nous concède l'exemption de toute surtaxe pour les marchandises importées des pays de production sous pavillon français, mais comme, en vertu de la loi du 19 mai 1866, nous accordons au pavillon américain, dans nos ports, des avantages beaucoup plus étendus, des négociations nouvelles ont été ouvertes avec l'Union pour mettre fin à ce défaut de réciprocité, et il est permis de croire que, sous peu de temps, le pavillon français sera complètement, et sous tous les rapports, assimilé au pavillon américain.

Recevez, Monsieur, l'assurance de ma considération distinguée.

Le Ministre de l'Agriculture et du Commerce,

Alfred LEROUX.

Note F.

Un négociant de Bordeaux a communiqué à la *Gironde*, un exemplaire d'une lettre imprimée que la Chambre de Commerce de Dieppe a adressée au ministre du commerce en réponse à sa circulaire du 5 avril dernier, laquelle réclame l'opinion des diverses Chambres de commerce sur la question des droits de courtage maritime, au point de vue des traités de réciprocité et de navigation conclus avec les puissances étrangères.

Cette circulaire est motivée sur des réclamations qui auraient été adressées au gouvernement français par les représentants des différentes puissances, au sujet de droits différentiels de courtage perçus sur les navires de leur nation, contrairement aux stipulations contenues dans les traités de navigation avec ces puissances.

La Chambre de Dieppe, dit la *Gironde*, a examiné quels étaient les faits, et elle a reconnu que dans cette ville les choses se passent régulièrement. Les droits de courtage sont perçus conformément au décret du 24 juillet 1857, qui ne fait aucune différence entre les navires français et étrangers, sauf une rétribution supplémentaire pour l'interprétation orale lorsque les navires étrangers ne son pas assimilés, rétribution qu'il est juste de conserver, puisqu'elle n'est pas à proprement parler une taxe, mais la légitime rémunération d'un service rendu.

Envisageant la question sous toutes ses faces, la Chambre de Dieppe a cru avec raison utile de présenter au ministre quelques considérations sur la manière dont sont observés généralement à l'étranger les traités dits de *réciprocité*, sur lesquels se fondent les réclamations dont fait mention la circulaire du 5 avril.

En France, dans le but, fort louable du reste, de diminuer autant que possible les charges que supporte la navigation maritime, l'administration n'autorise dans nos ports que difficilement et très exceptionnellement la perception de taxes locales. Les navires n'ont à payer dans ces ports que les frais rigoureusement essentiels à la navigation suivant des tarifs modérés et spécialement réglementés. Cette réglementation des tarifs est pour les étrangers une garantie qu'il ne seront pas exploités. Ils peuvent se présenter dans tous les ports français en confiance, sachant à l'avance, d'une manière certaine, ce qu'ils auraient à payer et ne craignant ni surprise, ni vexations. L'administration y veille avec une grande sollicitude ; elle a successivement effacé des tarifs tous droits différentiels et réduit tous les frais aussi bas que possible en appelant toutes les nationalités à profiter du bon marché de nos ports au même titre que nos nationaux. Elle exécute, en un mot, avec une loyauté scrupuleuse, les traités de navigation ne doutant pas que nos navires ne trouvent chez les puissances avec lesquelles ces traités ont été contractés les mêmes avantages d'entière réciprocité.

Il est malheureusement loin d'en être ainsi. Dans la plupart des ports étrangers, en dehors des frais inhérents au fait même de la navigation et perçus partout sous une forme ou sous une autre, il existe des taxes locales souvent complètement en dehors de toute action administrative, des usages de place donnant lieu vis-à-vis des étrangers à des perceptions non réglementées et arbitraires, constituant de véritables taxes différentielles déguisées. Tels sont : des droits de corporations, comme en Angleterre, des droits de bassin, commission d'adresse, etc., qui augmentent considérablement les frais et rendent la réciprocité complètement illusoire

Pour ne présenter qu'un exemple entre plusieurs, nous citerons le navire

Arthur, de Dieppe, jaugeant 247 tonneaux, dont nous avons les comptes sous les yeux et qui a successivement fait des voyages à Riga à Cardiff et à Cadix.

Pour un navire de ce tonnage, français ou étranger assimilé, les frais obligatoires à payer à Dieppe; courtage compris, s'élèvent à 400 fr. environ au maximum (entrée chargé, sortie sur lest.) —A Riga (entrée sur lest, sortie chargé), ils ont été pour l'*Arthur*, de 1,215 fr. 85. — A Cardiff (entrée sur lest, sortie chargé), de 1,738 fr. —A Cadix (entrée chargé, sortie chargé), de 776 fr., plus 774 fr. pour frais de quarantaine.

Sur ce chiffre on peut calculer de frais purement *locaux* : A Riga, 638 fr.; à Cardiff, 278 fr.90; à Cadix, 496 fr.

On voit quelle différence exorbitante existe dans les frais pour un même navire dans les ports de France ou dans les ports étrangers que nous venons de mentionner.

Il faut la reconnaître, la réciprocité telle qu'elle est entendue par les traités de commerce et de navigation n'est qu'un leurre. Les concessions libérales que la politique étrangère semble faire au commerce français pour s'ouvrir les plus larges facilités dans nos ports, ne sont que des apparences. Nous donnons tout et nous recevons peu en échange. En Angleterre, par exemple, le droit de courtage à l'entrée n'existe pas. C'est donc un avantage qu'on semble nous offrir; mais ce droit est remplacé comme nous l'avons dit, par la commission d'affrètement de 5 0/0, ce qui forme pour les Anglais une ample compensation.

Cela tient à ce que les deux pays sont dans des conditions essentiellement différentes; les ports anglais sont surtout des ports d'exportation, et les ports français plus particulièrement des ports d'importation. Cette nature diverse, souvent opposée des différents pays est un des éléments dont il importe surtout de tenir compte lorsqu'il s'agit de contracter avec des nations étrangères des traités de réciprocité.

La Chambre de Dieppe est dans le vrai en disant que la véritable réciprocité consisterait à ce qu'un navire français ne payât pas plus cher dans les ports des nations où le pavillon est assimilé, que ne paient dans les ports de France les navires de ces nations, mais pour atteindre ce but, l'abaissement des frets perçus dans les ports étrangers au niveau de ceux perçus dans les ports français est nécessaire, et on comprend combien la chose est difficile. D'un autre côté, établir en France, au profit du gouvernement, des droits locaux équivalant aux droits divers perçus dans les ports étrangers, est évidemment inadmissible (Extrait du *Sémaphore* de Marseille du 22 juin 1867.)

TABLE DES MATIÈRES.